LOOK for Village

2

三寮灣

CONTENTS

9

CONTENTS

1

抵達之前

INTRO

撰文●曾詠榆、傅世元，攝影●安比

若你沿著台 17 或台 61 南來北往，
必定曾看過指向這座小小村落的指示牌。
這次我們不再路過，
隨著書頁，駛入此座滿溢紅蔥頭馥郁與香火味的村落！

WHERE?

INTRO

去三寮灣

從台南市區驅車，沿台 17 向北走，不出一小時就能抵達三寮灣，這是一座位於北門區將軍溪北畔的聚落，四百年前還沉在一片俗稱「倒風內海」的潟湖之中。隨著河流改道和泥沙淤積，才以海埔新生地的身分登上地圖，並與西邊的姊妹庄——蘆竹溝相互輝映。

土地總面積約	總人口數約	廟宇數量
6.3 km²	1000 人	8 間

三寮灣土壤鹽分高且缺乏降水，與鄰近諸庄併稱「鹽分地帶」，它們不僅自然環境類似，更透過四通八達的道路互相連結，例如北門區著名的「學

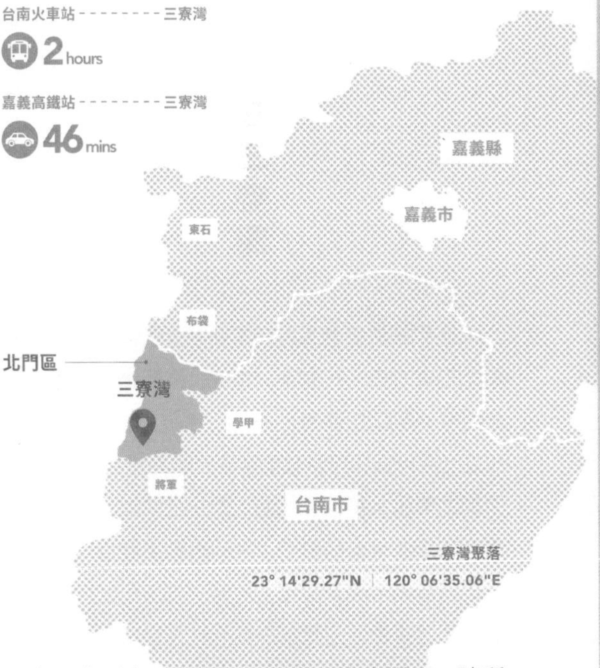

甲十三庄（含三寮灣）」便幾乎由市道174號所串連。日常交通外，道路同樣承擔著在地產業所需的人力與物力運輸，一面自北門、學甲、將軍，甚至是嘉義南部等庄社引入「臨時工」協助採收蔥蒜和漁獲；一面則將三寮灣的物產銷往全國各地。

HERE!

INTRO

在三寮灣

濱海而居的三寮灣人時常面對強風侵襲，據說最初為抵擋海風，將屋舍（草寮）間間相連，形成三條長寮得名「三條灣」。

在土鹹地旱的環境限制下，早期墾民們善用梅雨期的降水，將珍貴的雨水關在田中淡化土壤以利耕種。變成水塘的農田引來候鳥前來歇息、施肥，形成特有的「關水文化」。另一方面則就近引用海水，圍塭養魚。三寮灣的風土特性也培養出本地的宗族文化，移墾至此的人們最初多以姓氏、血緣聚居，分別建立代表宗族中心的角頭廟，早期也曾衝突不斷。但隨著長期磨合，彼此間意識到大家都是蒙受同一塊土地的供養，這才跨越了宗族，北門區的「大庄社」應運而生。

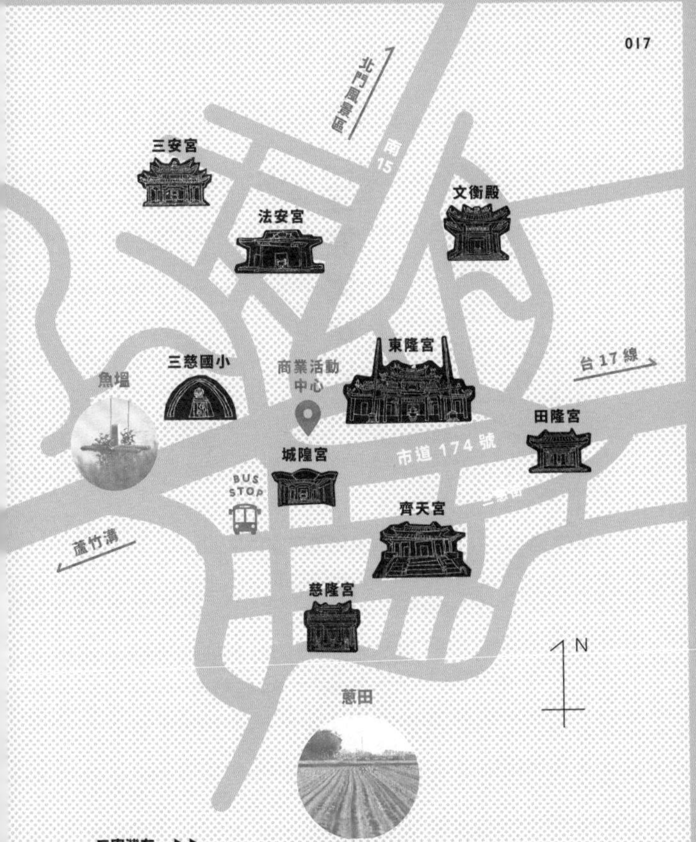

三寮灣有 ▸▸

1× 小學
1× 餐廳
1× 文化館
1× 早市（週一休市）
1× 夜市（每週五）
2× 雜貨店
4× 公車站牌
8× 廟

HISTORY

INTRO

三寮灣小史

明末清初	▼	傳說先祖隨鄭成功渡台， 暫居於內陸地區
清朝中期	▼	海水退去，先祖二次遷徙至 成為海埔新生地的三寮灣
清朝中後期	▼	糧食生產逐漸穩定， 吸引外地墾戶移入庄內
清朝中後期	▼	各地移民依姓氏聚居， 各姓間因利益糾紛時常衝突

從旱稻到蔥蒜，三寮灣的農業轉變

三寮灣氣候乾旱、土壤鹽分高，不利農耕，居民僅能利用春雨種植旱稻。民國 52 年，政府推行農地重劃政策，於當地建水圳提供灌溉用水，但因供水源頭烏山頭水庫蓄水有限，成效不彰，直到民國 61 年曾文水庫完工，供水逐漸穩定，水稻也成當地主要糧食作物。隔年石油危機爆發，國際糧價飆漲，政府為確保國內糧食儲備，提高稻米收購價格，農民因而加倍投入生產。可惜沒過多久，國內稻米市場便因供過於求而迅速萎縮，以致三寮灣種稻者多在「轉作計畫」協助下，改種紅蔥頭與蒜頭等經濟作物。

東隆宮的庄神兄弟檔

據傳入墾三寮灣的先民起初多私祀各宗族的守護神，直至清道光年間，有庄民自南鯤鯓代天府分祀李府千歲，並於日治明治 35 年（西元 1902 年；另一說為大正 9 年）集合各族之力興建慈安宮。李府千歲據說是一位護民心切的王爺，奈

1902 明治 35 年	▼	經過長年磨合，各姓握手言和 集資興建庄廟「慈安宮」
1945 民國 34 年	▼	慈安宮移址重建，改名為「東隆宮」
1963 民國 52 年	▼	農地重劃政策：三寮灣建立水圳
1970 民國 59 年	▼	「東隆宮」擴大規模拆廟重建
1970s 民國 60 年代	▼	鰻苗捕撈權之爭
1972 民國 61 年	▼	曾文水庫完工，水圳供水逐漸穩定
1973 民國 62 年	▼	石油危機爆發，政府為減少對 進口糧食的依賴，鼓勵農民種稻
1970s 中後期 民國 60 年代中後期	▼	十大建設帶動都市發展，城市豐富 的工作機會吸引本地人口大量移出
1983 民國 72 年	▼	稻產過剩，政府推動稻米轉作計畫
1996 民國 85 年	▼	東隆宮文化中心落成

何工作太過繁重，東港東隆宮的溫府千歲看不下去，直接進駐了原為李王爺加開的金身。庄民請示獄帝爺才發現，李、溫王爺原來是失散已久的親兄弟，於是一同奉為庄廟主神，慈安宮也重建、改名為「東隆宮」以茲紀念。

鰻苗捕撈權之爭

民國 60 年代，台灣出口貿易興盛，其中外銷鰻魚的龐大利潤令眾人對鰻苗捕撈權趨之若鶩。三寮灣附近的王爺港水域剛好是鰻苗聚集地，可由於該地自古為北門庄所有，北門庄因此長年獨攬當地捕撈權。此舉引起三寮灣與蘆竹溝人不滿，認為捕撈權應由各庄共享。雙方協商無果，一度鬧上法院，甚至爆發零星械鬥，經地方人士協調才逐漸平息。各庄最終達成共識：王爺港水域北段歸北門庄，南段則由三寮灣與蘆竹溝共有（各持一半）。如今每逢中秋節，蘆竹溝和三寮灣的庄廟便會輪流舉辦針對鰻苗捕撈的標會，開放業者競標，並平分所得標金。

MIGRATE

INTRO

遷徙地圖

三寮灣人的祖先據說最遠可追溯至明鄭時期，其先祖隨著鄭氏勢力對台灣的開墾而來到此地。但不管三寮灣人的祖先是什麼時候來到台灣，他們並非一開始就定居在三寮灣，因為當時到處都是海水。

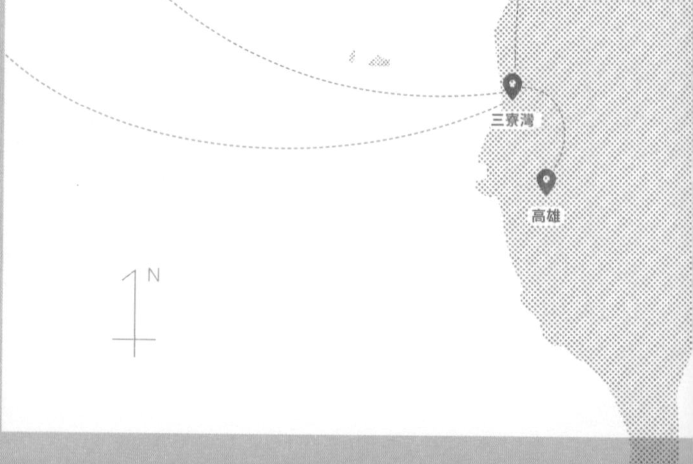

海水退，我們進！

清代中期海水逐漸後退後，首批勇者才至此搭寮捕魚，建立最初的聚落，後來又隨著陸地外擴略微向西遷徙，嘗試在乾涸的土地上進行耕作、圍塭養魚，盡可能開發這片充滿鹽分的貧瘠土地。經過一番努力，這群墾民成功定居下來，同時也吸引了更多移民加入他們。

不打不相識，宗族間的衝突與合作

三寮灣各宗族的移入順序已不可考，其中人口較多的曾姓（東邊曾）主要居於庄社東側，侯、許、林、黃、劉、朱、西邊曾等姓則居於西側。早年為爭奪資源與庇護族人，各宗族間衝突不斷，又以「曾侯械鬥」最為著名。但因為始終沒有一個宗族特別強勢，加上跨姓氏的互動與通婚時常發生，打破血緣藩籬。各宗族因而逐漸磨合、尋求共榮之道，最終聚合成北門首屈一指的大庄社。如今，從各姓籌組的宋江陣活動（以前是用來訓練民兵）中，才得以窺見當年宗族間械鬥的激烈景況。

KEYWORDS

INTRO

三寮灣關鍵詞

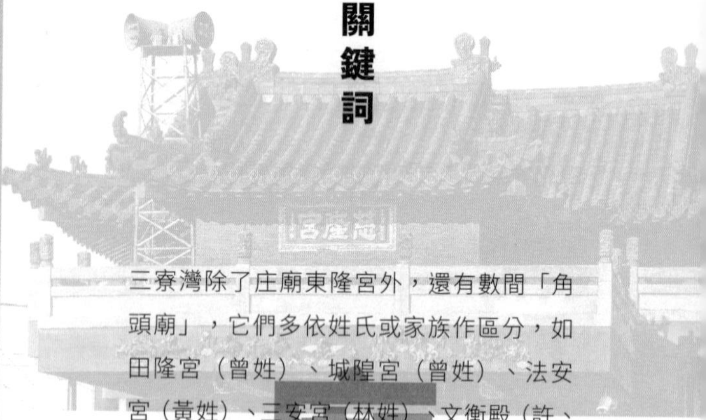

廟

三寮灣除了庄廟東隆宮外，還有數間「角頭廟」，它們多依姓氏或家族作區分，如田隆宮（曾姓）、城隍宮（曾姓）、法安宮（黃姓）、三安宮（林姓）、文衡殿（許、曾姓）、齊天宮（侯、劉姓）、慈隆宮（朱姓）等。角頭廟原先是作為凝聚宗族並對抗外人的精神象徵，但隨著宗族紛爭逐漸消弭，現在主要用來感念先祖墾荒功績及庇佑子孫，就算不是同姓也能參拜。

食

三寮灣紅蔥頭是構成當地飲食的重要元素，基礎的料理如油蔥酥煎蛋，又或進階的蚵仔碗粿等，只可惜這些珍饈都藏在居民家中，遊客少有嘗鮮的機會。想要打打牙祭，或許能從東隆宮廟埕下手。除了供應魚肉蔬果的雜貨店及早市攤販，也可以去長盈海味屋和秀碧蚵嗲解解饞。每週五另有廟埕小夜市，選擇不多但品項實在。

行

想來三寮灣，除了自行開車、騎車外，唯一的選擇便是公車，坐上從台南車站出發的藍幹線搭至佳里，轉乘藍 2、藍 3 至東隆宮文化館下，這一趟少說也要一個多小時。所以當地人大多自備車輛，以滿足通勤所需。

遊

好不容易來到三寮灣，當然得去蔥田瞧瞧。6至8月的休耕期是最適合來訪的時機，蔥農為了淡化土壤，會將梅雨期的降水圈在田圃內，形成一個個小池塘。池塘清澈的水面倒映著湛藍的天空，彷彿穿過水面就能輕觸到柔軟蓬鬆的雲朵。若運氣好，漫步田間時還能碰見高蹺鴴、黑腹燕鷗，甚至是少見的彩鷸在此棲息，使此地成為賞鳥人士的熱愛景點。

人

日治時期明治 36 年（西元 1903 年）的三寮灣人口已達 198 戶，總人口為 1,376 人，乃北門第四大庄。到民國 40 年代（西元 1950 年代）為止陸續有外地人移居，可能是基於婚姻或是拓墾之因素。不過隨著台灣都市化進程，城市較豐富的工作機會吸引本地人口移出，其中高雄市與台北市為三寮灣旅外庄人的主要集中地。目前，三寮灣的總人口仍保持在一千餘人以上，就當地土地的生產供養能力而言，算是相當可觀的人口了。

2

時刻 TIMING

前往辛香聚落
凝視異質地景交織

撰文●陳妤蓁　攝影●安比

由兩棵大樹引領入村

在台 17 線公路上，市道 174 號的標誌是那麼不起眼。偶然之間你看到了它，跟隨著它的痕跡前行，標示著三寮灣的路牌乍現於眼前，提醒著過客通往村落的入口就在此處；佇立於市道邊的那兩棵榕樹，構出屬於村莊無形的大門。時間的流逝與感受就此改變……

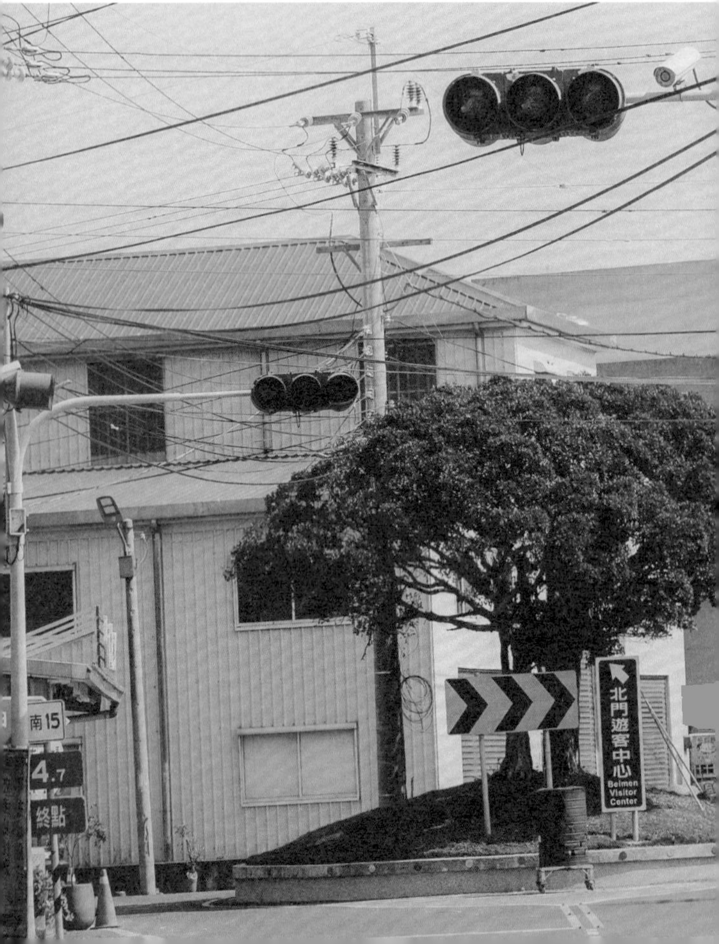
南15
4.7
終點
北門遊客中心
Beimen Visitor Center

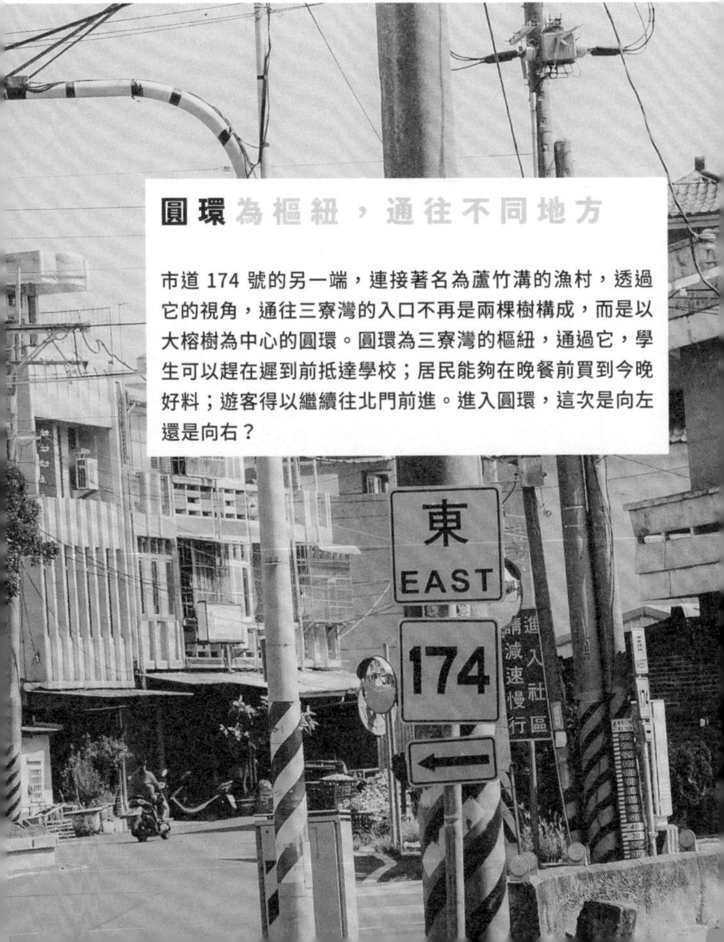

圓環為樞紐，通往不同地方

市道 174 號的另一端，連接著名為蘆竹溝的漁村，透過它的視角，通往三寮灣的入口不再是兩棵樹構成，而是以大榕樹為中心的圓環。圓環為三寮灣的樞紐，通過它，學生可以趕在遲到前抵達學校；居民能夠在晚餐前買到今晚好料；遊客得以繼續往北門前進。進入圓環，這次是向左還是向右？

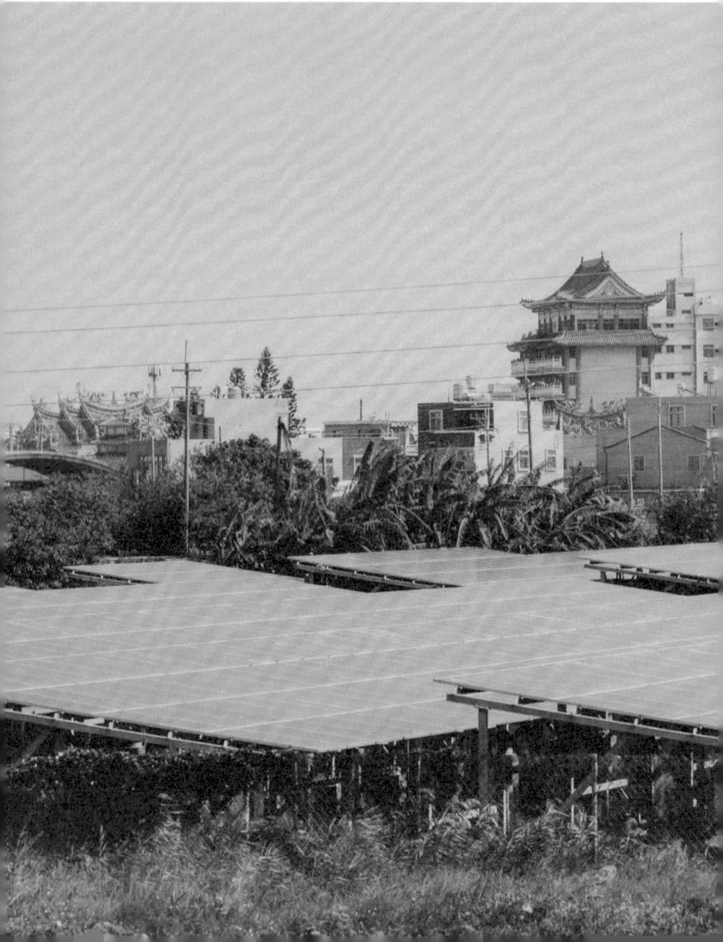

蔥田、魚塭、光電板
交織而成的地景

綠色、藍色、銀色與黑灰色在這片土地上環繞並交織著。每樣風景都共構出了三寮灣居民的生活樣態：綠色的蔥田，承載著生計和驕傲；藍色的魚塭，展現出鹽分地帶的彈性；銀色的光電板，考驗著自然和人為並存的可能性，而黑灰色的道路，串連村莊內的情感，也帶來了在地與外地的交流。

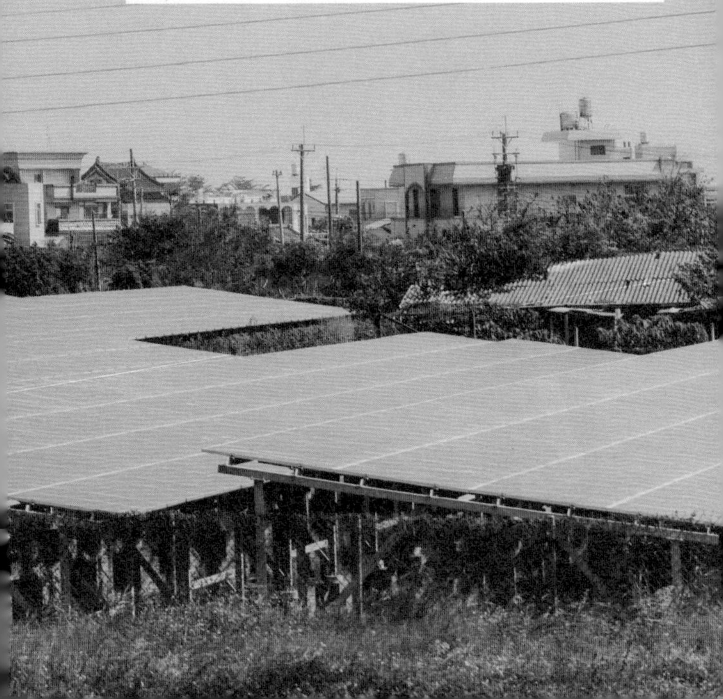

3

在鹽分地帶上

LIGHT

撰文●曾詠榆 · 攝影●安比

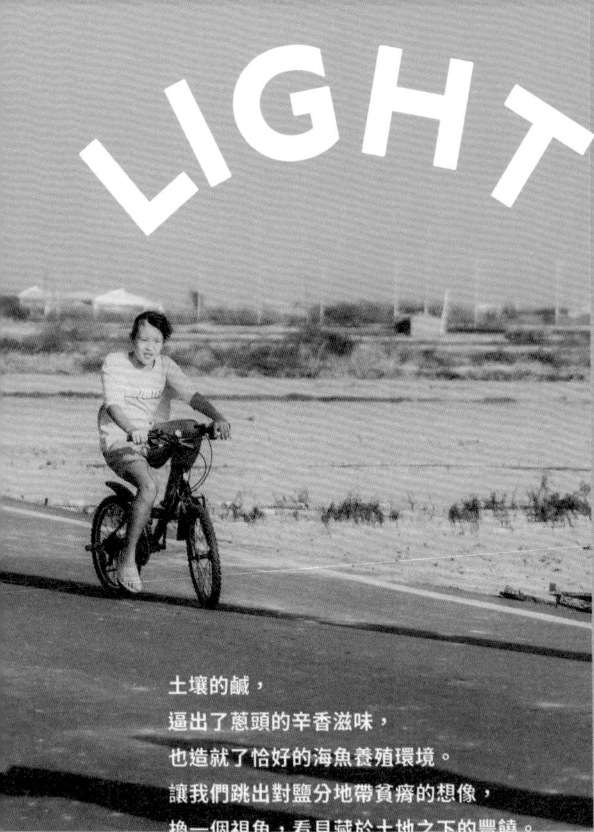

LIGHT

土壤的鹹，
逼出了蔥頭的辛香滋味，
也造就了恰好的海魚養殖環境。
讓我們跳出對鹽分地帶貧瘠的想像，
換一個視角，看見藏於土地之下的豐饒。

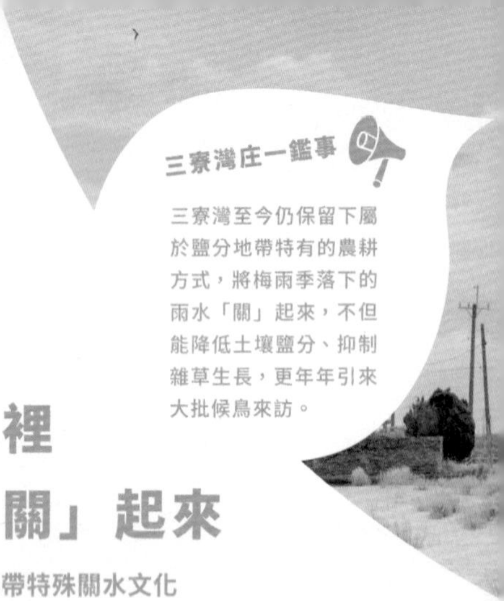

三寮灣庄一鑑事

三寮灣至今仍保留下屬於鹽分地帶特有的農耕方式，將梅雨季落下的雨水「關」起來，不但能降低土壤鹽分、抑制雜草生長，更年年引來大批候鳥來訪。

在田地裡 把水「關」起來

LIGHT 鹽分地帶特殊關水文化

1

開闊的土地田野上，三寮灣的關水文化展現了獨特的美麗。這裡的農民每年在育種春蔥收成後，利用5、6月分的梅雨，和7至9月分的西南氣流及颱風雨水，巧妙地進行關水。降低土壤鹽分同時，開創出大片肥沃的土地，孕育出豐富多樣性的生態系統，等待中秋節前後種下享譽國內的紅寶石作物——紅蔥頭。

撰文●姜宏尚．攝影●安比

關水是順應自然，也減少除草劑使用

在這裡看不到太多的現代科技應用，卻能瞧見農民的智慧傳承。他們以順應自然的方式，運用降雨來關水滋養農地，取代一般引水灌溉模式。這種農耕方式，成了三寮灣居民的驕傲，更是農民的珍貴知識財產。

透過關水，雜草不再是困擾。農民把田裡的水位高度維持在 15 公分上下，使土地長期保持適度潮濕，抑制雜草生長。這種做法，不再需要花時間拔除雜草，也不需使用大量除草劑，讓農耕環境更加環保與健康。

關水文化不僅帶來農耕的好處，更強化了自然生態系循環。在關水的過程中，田野間的水位變化吸引成千上萬的冬候鳥到此覓食，成了三寮灣最美麗的風景。大大小小的水鳥在這片土地上自在飛翔，形成一幅天然的生態畫卷。

若在關水的時節拜訪村莊，會驚呼於這些水塘原來是田地。

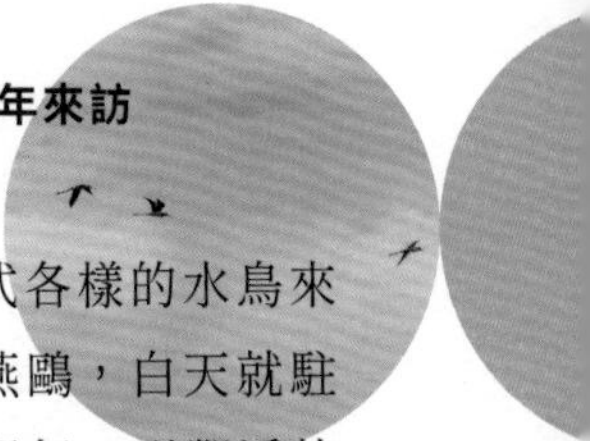

農人與生態共好，數種水鳥年年來訪

三寮灣每年8月開始有各式各樣的水鳥來訪，例如將近三萬隻的黑腹燕鷗，白天就駐足在這片農地上，傍晚翩翩起舞，到鄰近的北門潟湖蚵架上過夜。當夜幕來臨前的成群波浪舞秀，極其壯觀，堪稱人間美景，總是讓賞鳥者驚呼連連，直到夜幕低垂；另外，身型超過60公分的大型水鳥，如蒼鷺、小中大白鷺、黑面琵鷺、埃及聖䴉等也是隨處可見；30公分上下的中型鷸鴴科水鳥，如青足鷸、赤足鷸、反嘴鴴、高蹺鴴、田鷸等，也是這裡常見的嬌客。

另有爲數衆多，體型落在20公分以下的小型鷸鴴科，如東方環頸鴴、小環頸鴴、彎嘴濱鷸、紅胸濱鷸等，數量種類繁多，不勝枚舉。這片土地上還有賞鳥人士每年必追的鳥種——流蘇鷸，牠們除了夏季羽毛多彩，來台數量每年僅有15隻左右，流蘇鷸的到訪，彷彿是關水文化的使者，吸引來自全台各地的賞鳥愛好者前來觀察、拍攝與記錄。

農耕文化與生態多樣性的重要代表

農民友善大地的做法，無意間增加了生物多樣性，讓土地重新恢復耕種的可行性。9月中秋佳節前後，土地在烈日的蒸曬與東北季風的吹拂下，有時候，前一天農田裡還有大片積水，隔日竟然全部乾涸。這時，農民得抓緊時間倒入雞糞、牛糞、米糠等肥料，或撒下粒粒營養的有機肥，開始犁田耕種。他們以智慧和辛勞，創造出生態友善的耕作方式，讓農作物能在這片土地上健康成長。寒風吹來的 11、12 月走在田野間，可以看到紅蔥頭等農作物在關水文化的呵護下，展現出綠意盎然的生機。

在這裡，是人與土地，土地與鳥，鳥與人類互利共生、和諧共處的有機天然樂園。農民們以智慧與愛心守護這片寶貴的土地，而水鳥們則帶來生機與活力，讓這裡成爲一塊生態寶地。三寮灣的關水文化與鹽分地帶特色，不僅是台南市北門區的珍貴寶藏，更是台灣農耕文化與生態多樣性的重要代表。

田地進行「關水」是為降低土壤鹹度，卻也意外引來冬候鳥覓食。

儘管土很鹹
仍得種看看

LIGHT 融入地方智慧的紅蔥頭產業

2

三寮灣，歷經將軍溪與海水相互作用，反覆沖刷和堆積而成。土質不排水的特性，讓海水退去後的壤土，從表層到內裡，飽含鹽分。本就多鹽的基底，加上海風常年吹拂，形塑嚴苛的種植條件，不斷考驗著長居於此的人們，如何與環境拼搏，如何與土地共存。

土地太鹹了，種什麼都要等雨水

「要等雨水來，趕緊在田裡插秧，不然土

撰文●許哲兢．攝影●安比

三寮灣庄一鑑事

三寮灣以種植品質優良的紅蔥頭為人所知，但其實也曾歷經種植陸稻、水稻等糧食作物的轉型期。土鹹是考驗卻也是轉機。

地真的太鹹了。」鹹帶來的影響與感受，深植在人群和土地的互動中。在年代已不可考的過去，庄人便開始思考如何在鹹鹹的土地上種田。早期，庄內因水資源取得不易，農家往往得搭配時節耕作，趁著夏季降雨頻繁，趕忙種植陸稻；秋冬季雨水稀少，種植耐旱的蕃薯。

民國50年代，政府推行農地重劃政策，地方鄉鎮紛紛建設農、水路，三寮灣開始興築水圳。圳建成後幾年，曾文水庫完工，加上早些年排除鹽分的地下暗渠完工，庄內有了穩定的灌溉水源及鹹度稍低的土壤，水稻種植逐漸取代陸稻。不過往後的市場變化，改變了原先的種植情況。民國60年代國內稻米生產過剩，稻米價格逐年下跌，三寮灣人在政府的鼓勵下，選擇轉作經濟效益更高的紅蔥頭，並形成新的農作循環。

自成邏輯的工作方法

從過去到現在，跟時間賽跑的農人，總在思考如何順應節氣與環境限制，找出有效的工作方法。4－6月寄種，7－8月關水休耕，9月種植，1－2月採收，為三寮灣一年紅蔥頭的產業期程，每個農作環節皆有存在意義，從不多餘，且潛藏眉角和細節。

4－6月寄種，是庄人摸索出的育苗技巧。過去收成後的紅蔥頭，時常無法保存到種植期，便開始脆化。寄種的發明解決了保存問題，將蔥種浸水，讓其發芽，經過日曬，紅蔥頭便進入類似冬眠的狀態，存放至乾旱少雨、適合種植的秋季。有些蔥農更為謹慎，在自家花圃中，試種寄種狀況差的紅蔥頭，實驗作為種苗的蔥頭，能否順利成長茁壯。

7－8月關水休耕，是三寮灣人利用多雨的夏季，抑制土壤鹹度的方法。看似簡單的關水步驟，還參雜其他細節，特別是如何與不同使用習慣的鄰地，保持良好且友善的互動。蔥田鄰近魚塭的農人，往往與養殖業者協商，

在關水期間相互配合，業者盡量放養水位需求較低的生物，讓蔥田水位高過魚塭，避免水位高低導致的壓力差，使地底的鹽分回流農地；蔥農業者則在農曆年間，贈與今年收成的紅蔥頭，彼此保有互利互惠的關係。

9 月到隔年 1 月培植，避開了台南多雨的時節，蔥田得以保持適度的乾燥，讓養分連同農人的期盼，緩緩在根部積累。約莫農曆過年前後，紅蔥頭便能採收。離土以後，紅蔥頭多半送往鄰近的中洲，由中盤商初步整理。去土，剝膜，冷凍，分類，大顆且漂亮的紅蔥頭，經過烘乾，輾轉運至雲林、台南、高雄、屏東等地批發市場販售，甚至橫跨中央山脈，銷往東部；小顆、賣相不好的紅蔥頭，也不浪費，或去頭去尾，到其他工廠再行加工，或由商家自行製成油蔥酥，以新的樣貌和方式，入菜，上桌。

LOOK!

蔥頭種植時間表

月份	工作	說明
4月	寄種	讓蔥種浸水 發芽後日曬 進入類休眠狀態
6月	寄種採收	
7-8月	關水休耕	利用多雨的夏季 進行農地關水作業 抑制土壤鹹度
9月	種植	待田地土壤乾燥後 進行蔥種種植
1-2月	採收	離土後的紅蔥頭 多半送往鄰庄中洲 由中盤商初步處理後 再運送至各地批發市場

在培植期前的三寮灣聚落裡，隨處可見庄人在自家倉庫、門口整理蔥種。

有關「鹹」的解方還有……

怎樣和土地共生，是一段反覆辯證的過程。從耕種作物的選擇，到工作方法的嘗試，是三寮灣人在嚴酷的環境中，試著給出的答覆。如今隨著時代變遷，庄人以各自不同的生命經歷，又延伸出更豐富的想法：如果讓蔥田成爲教學產業知識的教室、如果在蔥田以地方食材辦桌、如果將蔥田當作是農人生命史的展場……許多如果，彷彿一顆顆紅蔥頭，不知不覺在庄內的田間種下，在多鹽的壤土中努力發芽，慢慢長出有關鹹、有關地方不一樣的想像。

LOOK!

蔥農工具開箱

過去

四爪子
早期沒有耕耘機時
能用來鬆土

耙稻子
曬稻穀時
用來爬梳

U形木板
「合」蔥頭的工具
免去將綁繩繞至一串
蔥頭底部的

現在

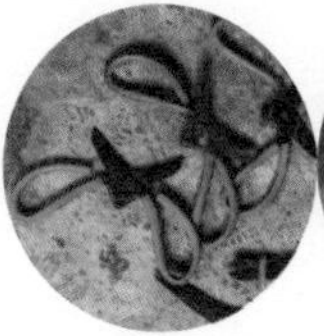

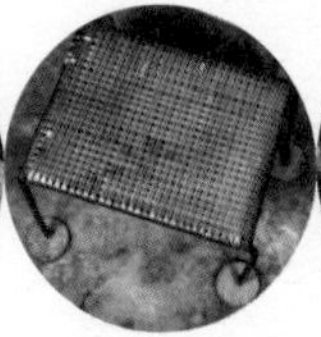

剪刀
特殊金屬材質
可以比一般剪刀
使用期限更長

椅子
客製化椅子
農人會依各自身高
調整尺寸

鬆土耙
可用於整理、挖掘
小面積土地

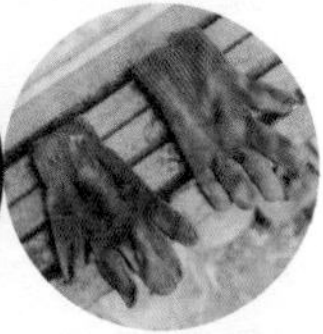

遮陽用具
在田間辨認不同阿媽的識別物

三寮灣庄一鑑事

引海水養殖的三寮灣魚塭，虱目魚、白蝦、文蛤、石斑魚等經濟水產都曾養過。由於產值受市場需求影響，以智慧進行混養與斜槓成三寮灣養殖戶的生存之道。

在鹹味裡化險為塭

LIGHT 三寮灣魚塭養殖戶的斜槓之道

3

要在鹽分地帶求生存，單靠捕魚與耕作可不夠。艱困的自然環境下，絕不能將雞蛋全押在同個籃子裡，盡力尋求來源多樣化的食物、資源才有出路。三寮灣的魚塭便是如此，早期的墾戶與其說是被某種因素吸引至此圍塭養魚，不如說是到了現場才發現：「條件還行，養養看好了。」這樣出海捕不到魚時，起碼還有備用糧食，能當晚餐也能賣錢。後來隨著經驗累積，以及日治時期總督府對於養殖漁

撰文●傅世元．攝影●安比

業的看重和現代化改良，原先到處斜槓的居民們開始注意到自家魚兒的潛力，更專注在魚塭的經營上，使得具規模的魚塭數量於日治大正 9 年（西元 1920 年代）後快速成長。

曇花一現的蜜月期

民國 40 至 60 年代，養殖漁業迎來黃金時期，作爲主要產品的虱目魚售價不斐，替養戶們帶來豐厚收入。不過如此盛景也吸引了大批業者投入魚塭養殖，以致虱目魚產量大增，價格持續下跌。三寮灣人起初還能靠混養白蝦、文蛤、石斑魚等經濟價值較高的魚種在充滿競爭對手的市場上維持盈利。但當廉價進口魚貨爭搶市場，和不斷上漲的飼料、水電與人力成本，養戶們越來越不願放養虱目魚，甚至轉行、閒置魚塭，令產業一度沒落。

虱目魚養殖的沒落還不是最嚴重的問題，民國60年代的台灣都市發展快速，不少鄉村子弟被都市豐富的工作機會吸引而離開故鄉，三寮灣陷入了傳統產業、技藝無人承接的窘境。爲避免代代相傳的魚塭就此荒廢，養戶們充分發揮斜槓技能。

養戶的搏鬥——逆境下「斜槓」的多種可能

有些人選擇「魚塭外的斜槓」，從事其他事業，靠著多元的收入來源維持生活，並補貼魚塭的營運開銷。如平常藉由摸蝦蟹、種蔥與工地的薪水供給家用，餘款則用來維持魚塭運作。即便魚塭虧盈常常持平，斜槓的養戶說：「（爺爺）拚來的地不能荒廢，反正家裡吃得飽，也不用靠魚塭賺，不賠就好。」據說也有人做不動產生意，家裡養的魚有時會送給客戶當禮物，也算是種另類的在地行銷了。

亦有人藉由不斷嘗試，尋得能夠持續盈利的養殖物種及方式，乃至發展出在地永續發展的運營戰略，達成「魚塭內的斜槓」。像是於隔壁聚落蘆竹溝養殖的陳恕行老師，以前輩與同行的策略和失敗經驗爲基礎，尋得以虱目魚爲工具魚（吃藻類淨化水質），主打文蛤養殖的

財富密碼。然而實際拜訪老師，相談多與魚市行情無關，而是駐足於魚塭某一角落：「你看，這片紅樹林長得多好！」或是「從這邊往海面看，是最漂亮的。」其中無不蘊含著在地人對環境的關注以及對土地發自內心的自豪感。

LOOK!

水道連成的「魚塭通訊網」

三寮灣的魚塭用水是藉人工水道經由蘆竹溝從大海引入，因此水道的維護很考驗雙方合作。長年互動下，兩庄間的消息十分靈通，誰賺誰賠都一清二楚（雖然常常會加油添醋），形成與水道呼應、在地特有的魚塭通訊網——「只要有人賣得好，大家一起去模仿！」

當然也有人認爲若魚塭無人繼承或發展有限，不如用來「種電（架設光電板）」，以免閒置土地。但無論如何，養戶們或是出自對土地的依戀，或是來自對繼承家業的責任感，使得「不輕易棄置魚塭」幾乎成爲地方共識。他們繼承先輩於惡地打拚的斜槓精神，繼續在險惡的市場競爭中找尋出路。這種逆境求生的韌性和土地脫不了關係，或許，能支持人們在此營生的土地，其本身也是極具韌性的。

陳恕行老師帶著團隊逛魚塭，談周遭紅樹林生態比魚市行情還多。

4

四季與時間

SIGNAL

從自然裡捕捉信號

撰文●陳妤蓁・攝影●安比

紅蔥田裡搜集季節色票

三寮灣的蔥田有著它自己的時間感：夏天時，春蔥已收成，為維持土壤狀態，蔥農會讓田地淹滿水，乍看之下，像是漁塭一般。而在春天和秋天，就會看見綠蔥由土裡長出。到了冬天，蔥農們和收成的袋子散佈在每個蔥田中。不論哪個季節，總能通過蔥田的樣貌，感受到四季變化。

同一個廟埕的早晚市光景

清晨 5 點半，車子駛進廟埕，魚販、肉販林立，雜貨店更是變身成為菜攤，饅頭肉粽也都任人挑選；傍晚放學時，孩子的喧鬧聲，參雜著鹹酥雞和關東煮的香味，雜物五金的老闆也忙著陳列日常用品。和一般市場不同，早市和晚市並無明確營業時間，皆是透過攤販的經驗，以及與在地居民的默契而運作。

5

用身體認識

Y BODY

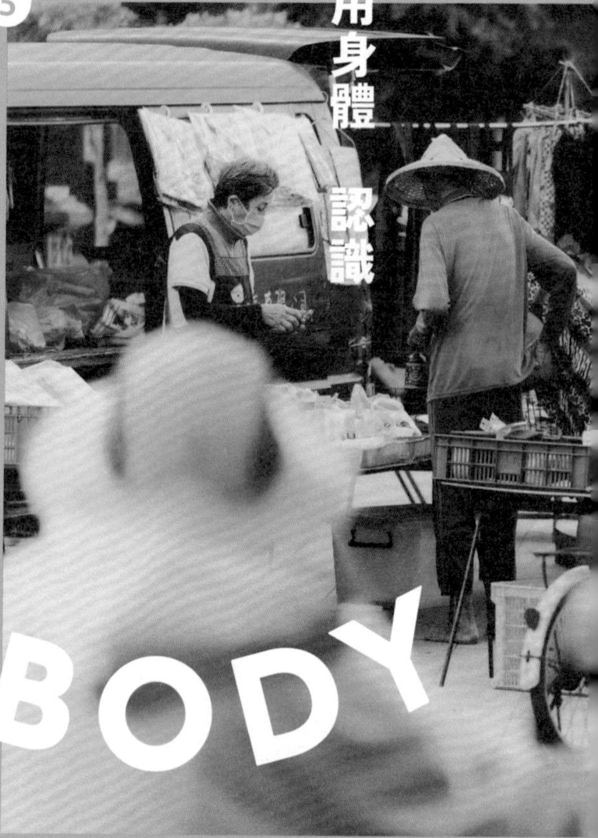

撰文●曾詠榆 · 攝影●安比

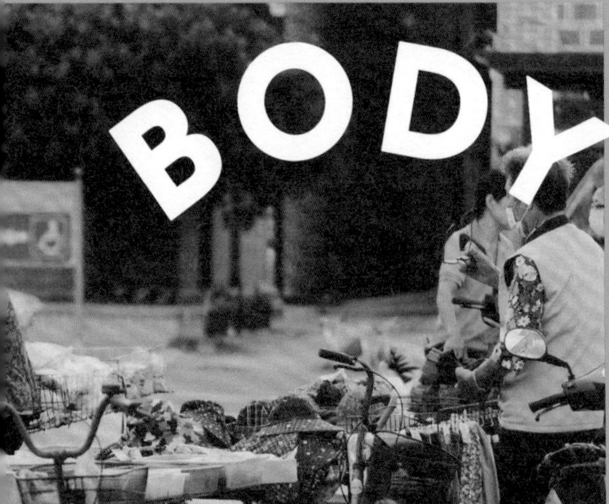

走吧！讓在地人帶路，
踮起腳尖，於田梗穿梭嬉戲，
又或是壓低身軀，
埋首於與攤販的一來一往之間，
放任五感與村莊共鳴。

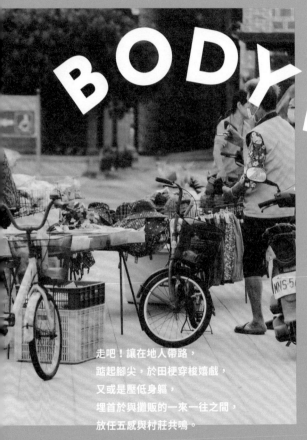

1

BODY

大人看不見的小精靈

小孩視角的庄頭巡禮

低一點的視野、慢一點的步伐，以及一雙雙充滿想像力的眼睛。迴聲社造團隊已連續幾年在社區裡的三慈國小為小朋友舉辦營隊，在「夏季大學校影像工作坊」中，小朋友結合攝影與插畫，發揮創意，在尋常的地方風景中讓可愛的小怪物與小精靈現身。

編輯整理●迴聲社造

太陽太大了把冰塊融化了，變成水怪蛇和能貓和幽靈來喝水。因為太熱了，所以不是熊貓是能貓。

撰文、插畫●黃亭黛

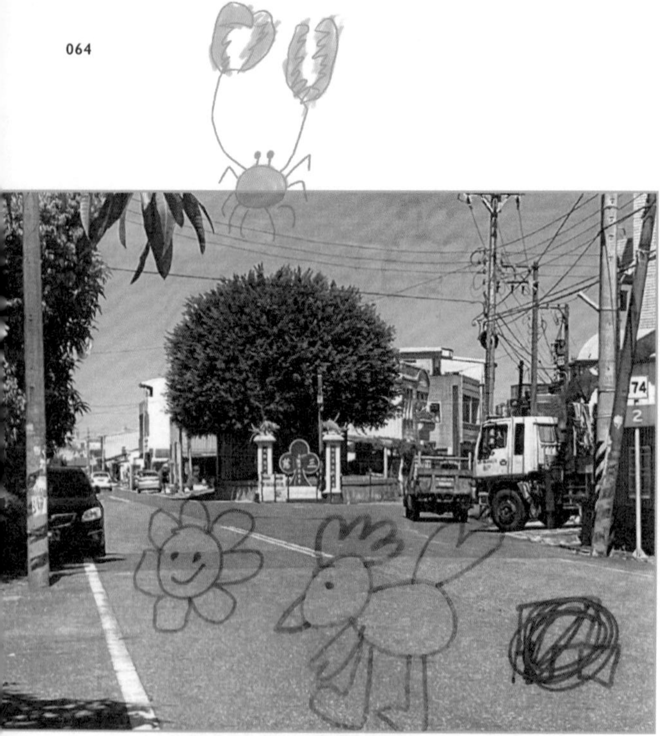

雲朵和小鳥和樹葉和蝴蝶和魚和車子。
因為很漂亮。

撰文、插畫●鄭家蓁

小精靈帶著蚵殼來找 YUKI 玩。

撰文、插畫●林桓竹

精靈女王在森林裡學習魔法。

撰文、插畫●鄭員妮

三角錐人和花朵人
在三寮灣的草叢裡
迷路。

撰文、插畫●黃吉惠

最近咖波實在太多了，
所以黏黏怪只能出來跟
咖波對抗，由於雙方實
力都處於很強的戰鬥
力，所以只能過個幾天
再看看。

撰文、插畫●曾暐庭

我看到 1 隻小精靈在游泳，1 隻小精靈站在紅磚頭上看著小精靈在游泳。他們是朋友，住在蚵田。

撰文、插畫●邱筠庭

我在漁港的時候看到兩隻小精靈坐在沙發上，一隻粉色是倉鼠精靈，她的手上拿的是紅番薯，一隻藍色是大象精靈。

撰文、插畫●林桓妃

原圖文刊載於地方刊物 2022 年 9 月《倒風島豐》vol. 特

村民購物路線

跟著地方阿媽逛早市

2

BODY

「現在廟埕有在賣……」天剛亮的清晨，一陣廣播劃破寧靜，呼喚村人動身前往東隆宮廟埕的早市，開始一天的行程。早市的組成多元，有些是來自臨庄的流動商販，有些是本地人駐點在廟埕四周的商家。不論外來或本地，都為庄里帶來豐富且有機的商業機能。這次就讓我們跟著許邱攔阿媽的步伐，到早市一探究竟。

撰文●許哲兢．攝影●安比、陳妤蓁

6:00AM

at 三寮灣東隆宮廟埕

帶逛人物

● **許邱攔阿媽**

家離廟埕不遠，七十多歲的許邱攔阿媽，每每早於攤販廣播前，便騎著一部機車，輾轉魚販菜攤之間，在腦中構思料理所需食材的同時，反覆打量商家的漁獲與時蔬新不新鮮。

Station 1
at 春發商行

位置 ▸ 廟埕旁，南 15 線上
時間 ▸ 5:00-21:30
販售 ▸ 蔬菜、中式早餐、雜貨
老闆 ▸ 宋素蓮與姪子林根蟾

為了買菜，阿媽首先前往兼做菜攤的春發商行雜貨店。每次買的蔬菜，品項並不固定，取決於店家從佳里市區批了哪些貨回來。有趣的是，在阿媽腦中似乎存在資訊量龐大的食譜，看到菜色的瞬間，便能快速給出食材相應的料理方式。歷經東翻西找，最後阿媽決定帶一把新鮮的蘆筍回家，做一道清炒時蔬。

Station 2 at 無名豬肉攤

位置 ▸ 廟埕旁，南 15 線上
時間 ▸ 6:00-7:00
販售 ▸ 豬肉
老闆 ▸ 曾東川

跟著阿媽，第二站來到廟埕旁的豬肉攤。一到攤前，還未等阿媽開口，老闆東川大哥率先單刀直入，確認阿媽需求是否相同，得到肯定的答覆後，沒有過多交談，手起刀落間，分好的肉塊被整齊裝袋，交到心滿意足的阿媽手中。離去前，問起老闆和阿媽的默契，是如何培養。老闆淡淡回覆，平時細心留意庄人的喜好和習慣，客人上門，自然就能應對自如。

有時順路逛

Station

3 **無名魚攤**

位置 ▸ 廟埕，王船閣附近

時間 ▸ 6:00-7:00

販售 ▸ 漁獲

老闆 ▸ 曾源護

源護阿伯從佳里批貨，載到三寮灣、溪底寮等地販賣。每到販賣地點，阿伯便把後車廂的護欄放下，用來裝載漁獲的空間，成了處理水產的工作平台，而原先存放漁獲的保麗龍箱，則成為小型展櫃，吸引往來的庄人駐足。

Station

4 **金利益商行**

位置 ▸ 南 15 線

時間 ▸ 5:00-19:00

販售 ▸ 文具、雜貨

老闆 ▸ 曾阿鐘

商行的店面並不大，兩人並行就顯得有點擁擠。不過，店內販售的商品豐富，各式各樣的涼水、乾糧、簡易廚具、文具等，應有盡有。因為鄰近國小，餅乾糖果更是琳瑯滿目，有一面專門陳列零食的透明櫥窗。來到這裡，不妨試試那些不曾吃過的小零嘴。

Station

5 秀碧蚵嗲

位置 ▸ 廟埕
時間 ▸ 9:00-17:00
販售 ▸ 炸物、冰品
老闆 ▸ 曾秀碧和兒子陳英備

從廟口經過，不難發現，廟埕的榕樹下時常佇立一把遮陽傘，傘下的攤販——秀碧蚵嗲，一年四季，除去颳風下雨，幾乎都有營業。除了蚵嗲，這裡同樣兼賣炸物熟食，夏季則多了飲料和冰品的選擇。庄內熟客，時常在午後時分，叫一份蚵嗲，配上飲料或冰品，藉此消除一天的辛勞。

遊庄好物推薦購

金利益商行販售，辣度適中的剝皮辣椒，用餐時搭配，讓人一口接著一口。

金利益商行熱銷許多稀奇樣式的公仔，大小朋友都適宜。

春發商行在早晨另有販賣早餐，是趕忙工作或上課的庄人便利的選擇。

3

BODY

三寮灣體感關鍵字

六字傳遞地方滋味

Keyword 1 亮

三寮灣有種過曝的亮

三寮灣總給人一種明亮的感覺。來到庄頭總是好天氣，很少遇到下雨。天氣好時，太陽會將庄頭染上自己的顏色，橘黃色的光帶來神聖感；天氣不好時，雲層成了濾鏡將光線的顏色過濾，徒留下光本身的明亮。不論天氣的好壞，來自太陽的光線讓庄頭有種過曝的感覺，「亮」是每次來到庄頭都會感受到的視覺刺激。

撰文●王璽・攝影●安比

Keyword 2 軟

鹹地裡的土壤

三寮灣的土鹽分很高，砂質沖積土中的細小顆粒，用眼睛細微觀察即可見，拿在手上一摩擦便能感受到其中的顆粒感有粗有細。這裡的土壤不適合耕種，過鹹的鹽分會導致作物發育不全，甚至難以生長。貧脊的土地在觸感上卻是充滿溫柔，踩下去的瞬間便會被沙質的泥土接住並包裹著，黏的土壤將腳印留在原地，地上隨處可見的足印是土地柔軟的證明。

Keyword 3 甜

村民的手工醃蒜頭

醃蒜頭是把水煮開冷卻之後，挑選發育不完全的蒜頭下去醃製。將鹽、糖抹在洗淨的蒜頭上，再泡入開水中醃製四個月就完成，有時還會額外放入梅子或是甘草，增加蒜頭的甜味。醃蒜頭的口感脆脆的、聞起來蒜味很重但吃起來卻不會。入口會先感受到醃製後汁水的甘甜，咬下去蒜頭的辣和香氣才會接續而來，刺激味蕾，最後留下一股屬於醃製品的酸甜。

Keyword 4 嗆

當剪刀剪開紅蔥頭

收成時紅蔥頭特有的氣味總是特別濃重，當剪刀將蔥頭與蔥段分離後，汁液挾帶著刺激性的味道便往鼻腔和眼睛裡竄。最先進入鼻腔裡的是紅蔥頭的味道，毫不掩飾的香氣令人垂涎，但緊隨在香氣之後的是灼熱感，並慢慢變成刺痛，眼睛也受到刺激。這些刺痛彷彿是嗅聞香氣後的代價。

Keyword 5 問

「你是佗位人？」

初次來到三寮灣時，最常聽見的問題便是「你是佗位人？」也許提問的是一位蔥農阿媽、攤車的老闆，或是路邊相識的阿伯，庄頭內形形色色的人對於外地人都抱著些微好奇。聽覺刺激著腦袋，將關於居住的地方、故鄉的資訊一一拉出，在地人的提問成為一台對著自身的照相機，觀景窗映照出腦袋中對於「來自哪裡？」的答案。

庄頭任一處巷弄街角

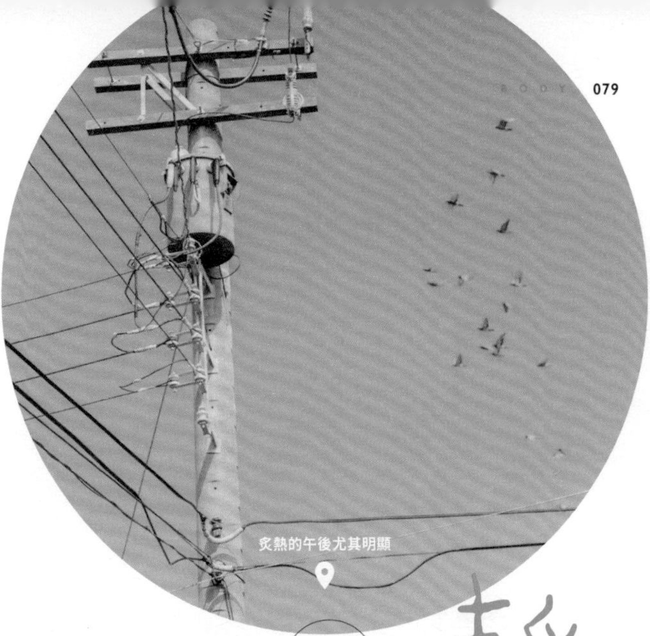

靜

Keyword 6

村莊特有的寧靜

耳朵最能感受屬於三寮灣的寧靜。從庄頭來到田邊，遠處有座蔥頭加工廠發出綿延不絕的機器運作聲，轟隆隆的好像一座瀑布。把距離拉近一點，尖銳的鳥鳴戳開寧靜的畫布，成為環境音的點綴。再近一點呢？是風從耳邊吹過的聲音，呼呼地拍打在耳膜上，在耳朵裡迴盪。環境的聲響佔據了庄頭、人的耳朵，從四處傳來，讓聆聽者成為「當下」。

6 痕跡

TRACE

散步庄裡，四處可見神的庇佑

撰文●陳致豪．攝影●安比

TRACE

信仰即是生活。在庄主大王爺、溫府千歲和眾角頭神的庇佑下，三寮灣遍佈信仰的痕跡。市道 174 號上，兩棵大榕連成拱門，鎮守庄頭出入口。壽山、岔路口、往北門的圓環以及庄頭邊界共佇立七顆榕樹，串起「七星墜地」傳說，改善風水；東隆宮前的王爺窟，見證神明通水路顧庄民健康的佳話。出現在各角落的營頭、竹符，則有五營兵將駐軍，護衛居住空間。

7

此曾仍在的人們

PEOPLE

撰文●曾詠榆・攝影●安比

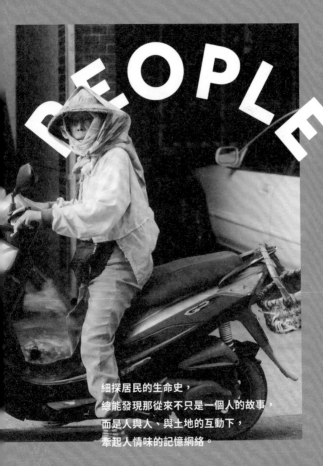

PEOPLE

細探居民的生命史，
總能發現那從來不只是一個人的故事，
而是人與人、與土地的互動下，
牽起人情味的記憶網絡。

掌廚的人 為孩子

PEOPLE

侯謝樹琴
以料理伴在地國小四十多年

味道就和歌曲一樣，當某一天再度回味，總會想起那段時期的回憶。那股滋味，投射出了巷口那間麵店、家裡的那塊圓桌，又或是那只屬於自己的碗。比起品嘗的人，製作料理的廚師，雖不是被味覺所觸動，但料理之於她，仍有著那份專屬回憶。

撰文●陳妤蓁・攝影●安比

侯謝樹琴阿媽作爲三慈國小四十多年的掌廚人，對於料理、三慈國小以及三寮灣村莊都有著各自連結的情感。

飯桌的故事要從出嫁前說起

侯謝樹琴阿媽並非從小就在三寮灣長大，和當時大多數的阿媽一樣，是從外地嫁過來的。阿媽的娘家，就在貫穿三寮灣的市道174號上，只不過是另一個方向——中洲（位於台南市學甲區）。而她作爲廚師這件事，似乎在結婚前早埋下契機。

「做小姐的時陣，就有去一個醫生家幫忙煮飯。」樹琴阿媽簡單地帶過，但感覺得出來，這份簡單的工作，被阿媽視爲所謂「料理人生」的開端，和料理結下淵源，也爲之後的廚師生涯埋下了種子。

「侯媽媽！侯媽媽！村裡的人都是這樣叫我的。」問起樹琴阿媽在村莊內的稱呼，她帶點自豪地回答道。身為從外地嫁過來的新娘，樹琴阿媽是如何在村莊內有著如此響亮的稱號？甚至是套上了「媽媽」這充滿歸屬感的詞彙。後來發現到，「煮菜」正是她的祕訣。

在學甲訓練一手好廚藝後，樹琴阿媽嫁給了在學校擔任工友的老公，再加上當時國際對於兒童營養相當重視，台灣於民國40年代開始跟進營養午餐供應制度；樹琴阿媽嫁過來時正好是此制度的實驗推展期，天時地利人和，她也就進到了學校擔任廚工的職位，替孩童們料理營養午餐。

樹琴阿媽說，每週菜單都是校長開出來的，食材也都是由學校處理，自己這雙手只負責做出好吃的菜。而問起小孩最喜歡的菜時，阿媽滔滔不絕地背出當時最受歡迎的幾道菜：螞蟻上樹、炒米粉、白菜豆腐湯和海產粥。料理的食材和過程仍是倒背如流，不需真正嘗到這幾道菜的口味，也不用實際站到爐子前操演，只是提到菜餚名稱，那段時期的回憶就全湧上心頭了。

白菜豆腐湯與手工饅頭
——累，但一做就是 40 年

「那些小孩喔，升國中都還會回來跟我吵著說要吃白菜豆腐湯。」樹琴阿媽語氣雖帶無奈，但臉上滿是得意的笑容。她說，小孩到了國中，常常跑去找她抱怨著國中的午餐根本不好吃，還是最喜歡「侯媽媽」做的菜，尤

樹琴阿媽的先生在三慈國小擔任工友，有好廚藝她也就隨順因緣到校裡當廚工。

其是那道白菜豆腐湯，小孩完全難以忘懷。到了國中，侯媽媽的料理，還是村莊小孩的最愛！

因著料理，身為外地人的侯謝樹琴阿媽，成為了最有人氣的侯媽媽，與村莊小孩的感情連結也就隨著時間越來越濃厚。

然而，此種感情連結停止於侯媽媽這任廚工。現在的午餐已經不是三慈國小自給，而是從北門國小運送過來，村莊內的好手藝，在三慈國小內已看不見身影。

「一個月薪水才兩千塊，但不知道為什麼，就黏住了。」很簡短的一句話，卻道出了阿媽的所有心緒。

想起那段時間，疲累的感受又再次浮現，「加水、揉捏、蓋布」是每天早起揉麵團、等發酵的步驟，反覆如此步驟已經是日常。更遑論樹琴阿媽初擔任廚工時，正處民國 50 至 60 年代，除了手工饅頭外，每碗飯和每道菜都是在爐灶內反覆生火才能順利端上桌的。

被料理黏住的人情

那爲什麼會被黏住呢？又是被什麼所黏住？樹琴阿媽並沒有明確地點出。但當她說著小孩與她深厚的感情，村莊的人也因爲煮飯這件事認識她、推薦著她的料理，答案從樹琴阿媽臉上掛著的微笑，及其得意且感恩的語氣，漸漸浮現。原來是三寮灣裡面那緊密的人際連結。

好廚藝似乎已經是樹琴阿媽的代名詞，不管村莊內有什麼大活動，總是會在廚房看見樹琴阿媽的身影，即使阿媽已經退休。端午節亦是她不會缺席的節日，看著邊聊天邊綁著肉粽的樹琴阿媽，又或是大家稱讚著她的廚藝時，總有個疑問浮現於腦海：「阿媽眞的是外地人嗎？」

中洲出身的她，對於三寮灣人來說，確實是外地人。但透過樹琴阿媽的料理，她與三寮灣的連結似乎又是那麼的緊密，不可分離。嫁到農村，用著自己的專長，在這片土地找到了新的社會身分，也做出了只有三寮灣人才懂的那份滋味以及記憶。

侯謝樹琴

台南市學甲區中洲出身，以一手好廚藝，和她熱心助人的個性聞名全村，三寮灣村內人稱「侯媽媽」。侯媽媽雖為外地人，卻用獨門手藝為三寮灣創造出專屬滋味。

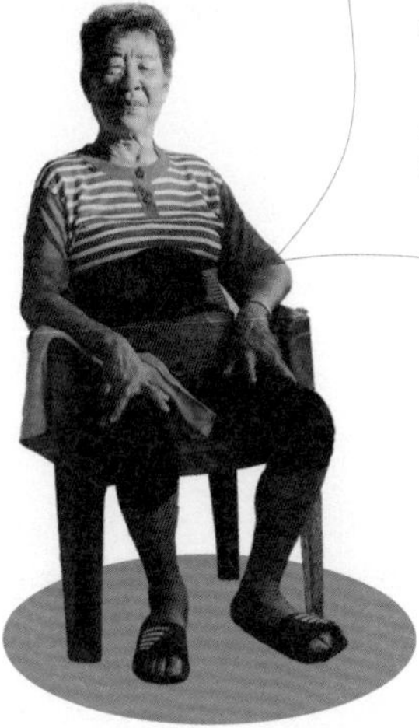

傳話的人 替神明

2

PEOPLE

侯永興
三寮灣大王爺最信任的桌頭

「叭！叭！」一輛車子開到了家門前，侯永興嘴裡的午飯還沒吃下肚，邊吃、邊走、邊穿衣服，三步併兩步走向車子，車門一關，跟著「大王爺」出門去了。每次出門，都不知道何時才會回家。

撰文●陳湣潔・攝影●安比

侯承儒拿出老照片回憶著父親成為桌頭的故事；上圖最左與左二分別為侯永興的太太與侯永興。

三寮灣東隆宮的信徒遍佈全台，大家都說是因爲大王爺很「靈感」(lîng-kám)。「大王爺」就是「李府千歲」，祂的神威讓很多人一拜就是一輩子。不過，靈驗的神明與虔誠的信徒之間無法直接溝通，必須依靠童乩（tâng-ki）與桌頭（toh-thâu），尤其後者更是信徒們倚重的角色。

在許多庄內人與信衆的印象裡，大王爺的桌頭很久以來就是侯永興，但他其實從來沒想過有一天會成爲桌頭。

說起父親成爲桌頭的過程，侯承儒邊翻找照片、邊比手畫腳，娓娓道來泛黃照片裡關於神與人的故事，像極了「小桌頭」。故事的起點被他拉回到民國 51 年，那時的侯永興剛從小學畢業。

庄跤囡仔學做生意

因爲晚報戶口的關係，畢業那天侯永興已

經 15 歲了，畢業後他便跟著五叔到高雄學做生意。初出茅廬的小男孩起初對商業一竅不通，但是肯做、願意學，再憑著一點機靈，逐漸熟能生巧，生意也蒸蒸日上。

五叔越發信任侯永興，甚至將整間店放給他管理。而小男孩也不負期待，當兵前已將五叔的一間店拓展成五間！在民國 5、60 年代，這算是不得了的事情。

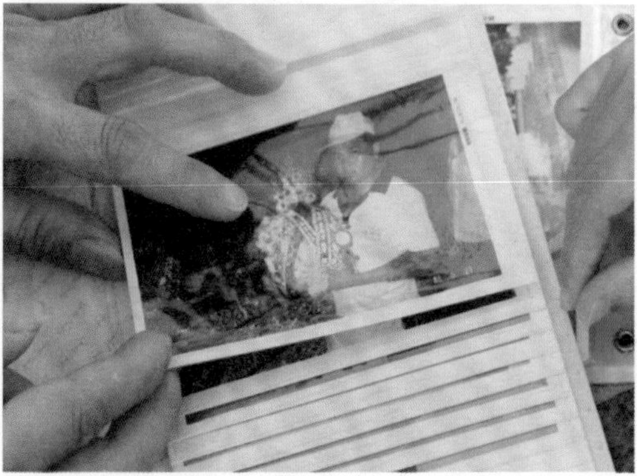

大王爺的靈驗使信眾遍佈全台，但在神性之外，也相當倚靠童乩與桌頭作為與信眾間的溝通橋梁。

過去拍攝東隆宮重要慶典的錄影帶，現雖已難找到播放器，但仍珍藏在庄人的家裡。

當完兵、結了婚，侯永興回到高雄的商場，日子一天天過，原本以爲生活大抵就是如此，卻突然接到母親生重病的消息。爲了照顧母親，侯永興帶著太太回到三寮灣，跟著親戚學養蚵仔，開啟事業第二春。

神明的邀請函

在侯永興養蚵仔的同時，東隆宮正要「起大廟」，各戶依規定輪流派出男丁幫忙，侯永興當然也去了，大家齊心合力，展現出三寮灣人的凝聚力。幾天後，已是乩童的叔公找上門，說桌頭因故無法出現，問他要不要試試看。只懂得做生意的侯永興怎麼會曉得桌頭要做什麼。可是叔公都開口了，就去當看看吧。

沒想到，這一當就是 27 年。

桌頭，就是幫乩童傳話、翻譯的人。有句閩南俗諺叫「死童乩，活桌頭」——乩童若功力不好，桌頭隨便說說也可以，言下之意是指當桌頭很輕鬆。但是大王爺的事情，有那麼輕鬆嗎？能這麼隨便嗎？顯然不是。談起父親當上桌頭後的生活，侯承儒說：「我國小到國中都看不太到爸爸，因爲隔天出門時他還在睡覺，晚上我要睡覺時他還沒回家。」做爲桌頭的孩子，比誰都清楚當桌頭有多忙碌。

還有一次，父親因爲猛爆性肝炎被迫休息半年，在這期間有兩個人想接替桌頭的職務，結果都受不了。大家最後沒有辦法，只好來找父親並對他說：「還是只有你有辦法應付大王爺！」。侯承儒語帶驕傲地說起父親的厲害：「他能把乩童給的指示轉化成讓信衆聽起來比較舒服、心安的話，而且也很有耐心地解釋到對方聽懂爲止。」

大王爺都安排好了，跑不掉

關於侯永興當桌頭的故事，侯承儒從年輕

侯永興的兒子侯承儒面露驕傲地細說他記憶中的父親。

時就開始聽了，父親會說，他也會問。對於父親的經歷，他有一番格外有意思的解讀。在他看來，父親年少時到高雄打拚，爲了招攬生意訓練了口才、爲了招呼客人練就了應對能力、爲了管理店面養成了過目不忘，這些技能恰恰就是擔任桌頭要具備的能力。

換句話說，這是大王爺安排的歷練。等到祂需要人時，會想辦法把你叫回來，一如侯永興接到母親生病的消息後搬回了三寮灣，那時他早已練就了桌頭該有的本領。外人看起來像是「意外」的過程，其實深藏著大王爺的用意。

侯永興無疑是早期大王爺「興旺」（hing-ōng）的見證者，儘管他已離世多年，但每逢慶典還是有大批信眾前來，正說明了那些由他替神明與信眾牽起的緣分沒有消失。而關於他與大王爺的故事也因為老早傳遞給下一代，至今依然在。

侯永興

民國 36 年出生、民國 96 年逝世，國小畢業後在五叔的店裡邊學做生意邊長大，直到某天收到神明的邀請，才轉行替大王爺傳話。擔任桌頭長達 27 年，深受大王爺與各地民眾信任，也是信仰力量的見證者。

開理髮店的人

3

PEOPLE

溫日珍
一把刀剪、一面鏡子，聽人訴說心情

到理容院剪髮、洗頭不僅是週期性的儀容整理，還是許多人日常生活中忙裡偷閒、放鬆身心的方式。三寮灣雖然沒有足以稱之爲理容院規模的理髮店，但光是理髮店就有六間，其中，經營阿珍美髮的溫日珍至今開業已經二十多年，她用剃刀爲青壯老少保持清爽，用雙手爲顧客頭皮解去疲勞。

撰文●張銘洋・攝影●安比

從廣東到三寮灣開一間理髮店

溫日珍來自廣東，二十多年前在中國透過朋友介紹遇到來自蘆竹溝的先生，雙方情投意合，民國 90 年結婚後便決定一同回到台灣生活，不過回來得匆匆，經濟狀況不穩定，只好向先生家親戚借用閒置的住宅寄居。由於家鄉廣東本來便是人群多元，又是與台灣人口組成相近之地，不久後她就能流暢的使用台語，適應台灣的生活。

阿珍美髮最初由蘆竹溝自家客廳裡開始經營，現則在三寮灣掛上招牌，有了自己的營業空間。

起初溫日珍先是跟蘆竹溝大多數居民一樣，投入牡蠣養殖產業鏈裡，替鄰居剖蚵打零工賺取花用，後來卻不捨早在故鄉練就的理髮技術就此停擺，於是開啟以經營剪髮爲主業、閒暇時穿殼剖蚵的斜槓日常。營業地點就從家裡客廳挪出空間，擺上一張椅子、一面鏡子，就是阿珍美髮最剛開始的模樣。

溫日珍具備理容業中洗、剪、燙、染和修容等十八般武藝，可是一旦說到最自信的拿手絕技，她毫不猶豫的說是洗頭！卽便不像髮廊有潤絲、護髮等多功能髮品可供選擇，但在實際體驗後，感受到的是妥善運用十指在緊繃頭皮間游移、抓揉的巧勁，帶走髮間髒汙，同時卸去了積累於頭部的日常壓力和疲勞。

然而，親戚家的房子因爲年久失修，常有漏水困擾，民國 109 年三寮灣恰巧有人出租空屋，溫日珍一家才搬遷至現址，阿珍美髮也正式有了營業用的專屬空間。雖然稱不上寬敞舒適，不過足以擺上兩張椅子、兩面鏡子，還有劃分出簡易的候位區、髮品區、染燙髮設備區等，麻雀雖小，五臟俱全。

理髮也理出了離鄉背井的共同情懷

語言相通和來自異地的雙重背景，是她與本地客和其他新住民在洗頭之餘閒聊交流的助力。即使店址已經移至三寮灣，還是會有許多蘆竹溝的老顧客捨近求遠，來到阿珍美髮。

三寮灣作爲市道174號北門段較大的庄頭，也讓鄰近村里陸籍、越籍等不少新住民慕名而來，久而久之漸成熟客，理髮閒聊無意中變成分享生活心情出口的時間。

在三寮灣開業後，溫日珍表示即便在紅蔥頭農忙時節，現在已經不會協助厝邊的產業工作了。爲什麼呢？她笑著說：「跟在家門口鋟蚵仔不一樣，去蔥田工作要跑比較遠，雙手都在剪蔥又沒辦法邊用手機，這樣有人

現址雖稱不上寬敞，但各項髮品、器具應有盡有，不同造型的梳子也有各自用途。

來就沒辦法邊顧店了啊！」

溫日珍的生活重心圍著理髮店打轉，也讓阿珍美髮營業時間從不固定，只要一通電話預約，不論早上7點或晚上9點，都可以客製化營業時間，到阿珍美髮打理髮型、放鬆心情。

依著地方作息流轉的淡旺季

每個人整理頭髮的邏輯絕不是長了就剪、髒了就洗，而是與當地人口和產業型態密不可分。

首先是季節的差異。台灣夏季天氣溼熱，只要出門十分鐘就滿頭大汗，這時理容院洗頭便成為在外重獲新生的方法。但依據溫日珍長年來營業的觀察，無論是在蘆竹溝或三寮灣，可能因為老年人口較多以及秋冬是牡蠣養殖和紅蔥頭產業較為忙碌的時節，冬天生意都比夏天來得好。大家一方面透過理髮店洗髮的服務縮短冬天需要忍耐低溫洗澡的時間，另一方面藉此減緩工作上的勞累。

此外，農曆新年前後因著親戚朋友間相互拜年的交際需求，理髮美容業通常是連帶受惠的行業之一。不過在三寮灣，因爲地方特產紅蔥頭收成時間與農曆新年高度重疊，大多人在收成時忙於工作，流轉在各蔥田間剪蔥無暇顧及外表；二來爲抵禦強風，戴上斗笠、包上頭巾下田工作，也讓髮型在此時變得不是那麼重要。農曆年前後反倒變成較爲空閒的時間。

開一家能自力與連結地方的店，是實現自我的展現

開一間理髮店爲的是什麼？對溫日珍來說最開心的是一路從無到有，現在生意穩定，用雙手和技術在異地自力賺取生活花用的滿足；還有跟顧客聊天、了解顧客從事的職業

內容，聊聊田裡莊稼、最近去哪裡玩的柴米油鹽醬醋茶。

或許，阿珍美髮不只是間理髮店，還是顧客生理的緩解、心理的樹洞，以及溫日珍在他鄉展開新生活的具體實踐。

溫日珍

中國廣東人，婚後跨洋來台生活，成為台灣新住民。親切開朗的個性、移民的背景，及流利使用華、粵、台三語的能力，讓她經營的「阿珍美髮」不只是打理髮型的所在，還是村里間閒話家常的小客廳。

炸嗲的人

4

PEOPLE

曾秀碧
東隆宮前擺攤半世紀賣蚵嗲

反覆讀過林佛兒的〈鹽分地帶〉，「……我們雖然粗糙，雖然卑微，但我們堅持，是一群永恆的自由顆粒，在貧瘠的土地上發光。」

讀久了，每個居於此的人與物，也真的都以發光的姿態在我眼前現身。如同那些在東

撰文●謝仕淵・攝影●安比

北季風吹襲下採收蔥頭的阿姨，以及半身浸在海水裡收集牡蠣的大哥。當然，東隆宮前賣蚵嗲的秀碧，也是。

民國 59 年，25 歲那年，秀碧在廟前賣蚵嗲，至今已超過半世紀，偌大的廟埕，通常只有她一攤。剛開業時，攤位設在廟門口，其他人看了生意不錯，也一起加入，後來廟方就把大家移到廟埕做生意。二十幾年前，又只剩下秀碧一攤。

除了新鮮現炸蚵嗲，秀碧也推出黑糖粉粿冰，款款商品料多實在，是南國午後絕佳的充飢與消暑良方。

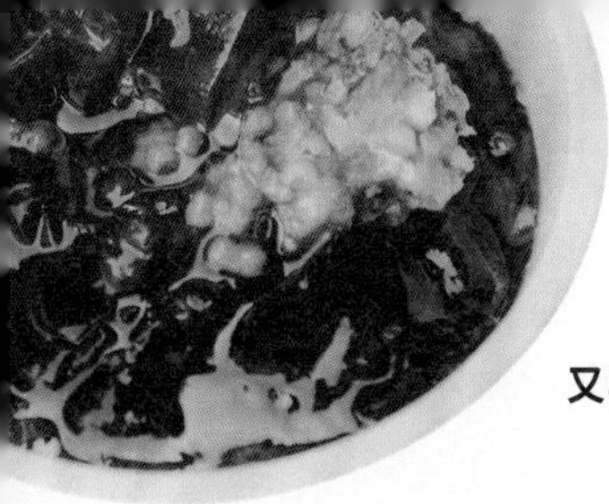

先是蚵嗲、肉嗲，又再研發了招牌黑糖粉粿冰

她爲何不種蔥頭、不養牡蠣呢？因爲她家在村裡開雜貨店，做生意的，就要用做生意的方式生存下去。秀碧是在學甲看到有人賣蚵嗲，於是效法試做，沒想到就這樣過了夏天太熱、冬天風大的五十多年。秀碧只有在開刀換上人工膝蓋的那段時間歇業。日復一日，需要在迫於賺錢與安於日常中找到平衡，秀碧的攤子如此，供應她牡蠣的人，五十幾年來，竟然也都是同一人。

蚵嗲的製法先是用一只特製的小平鏟，抹上一層黃豆粉漿，疊上一堆高麗菜與韭菜碎，放上幾粒鄰近海裡出產的牡蠣，然後抹上一層粉漿，下鍋油炸，炸了約莫一、兩分鐘，小平鏟敲一下，「扣」的一聲，如塔狀的蚵嗲成形後沉浮於油鍋裡，續炸到熟。

蚵嗲的口感脆而不酥，久放外皮不帶顯著

潮氣，內餡則因高麗菜略爲脫水，讓蚵仔的鮮甜能被突顯，口感更爲清爽。秀碧蚵嗲，吃原味不添加調味料就非常可口。

秀碧的蚵嗲，後來增生出各種產品，例如蚵嗲之後又有肉嗲，然後再組合成綜合嗲，也開始賣起一些炸物。秀碧的招牌除了蚵嗲系列，還有黑糖粉粿冰，粉粿不經蒸製，而是用滾燙的黑糖水，加入地瓜粉中攪拌而成，Q彈口感的粉粿保鮮期通常只有數小時，但識貨的人們永遠比較多，秀碧的粉粿經常中午前就賣完。

在寧靜廟埕中，「扣」一聲的陪伴

早上9點就開始營業的秀碧，幾乎每天營業到傍晚5點。秀碧的顧客，沒有顯著的早餐或者午餐客人，早上或者下午有時可遇到從田裡或者海上回來的人，下午放學的國小學生或者任何時候都有長輩駕著代步車緩緩

廟埕裡常有小發財車載來漁獲快閃兜售，一陣熱鬧後，又只剩下秀碧一攤守候村落的寧靜時光。

前來，也有因為某些機緣而造就的老顧客，而許多出外返鄉的三寮灣人，都習慣回家後就到秀碧報到。蚵嗲是三寮灣的日常吃食，也是出外村民的家鄉記憶。

廟埕裡，有時會有發財車或者蚵車，載來剛上岸的海鮮販售，廟裡的喇叭於是放送商訊周知村民，一時間購物者湧現，然後，不過一、二十分，人群又四散，秀碧又是自己一攤在廟埕。

秀碧就像許多三寮灣的人，安靜守分的在這片鹽分地帶生活。我經常坐在旁邊吃著蚵嗲，看著秀碧熟練的身手，不見得說話，有時只有風聲陪伴，或者蚵嗲進入油鍋時，發出的一聲「扣」。

蚵嗲是長得稜角清楚、外冷內熱的食物，宛如堅硬的牡蠣與辛辣的蔥頭，但它們的內裡，都有著或甜或香或鮮的滋味。半世紀的時間，秀碧與她的蚵嗲，足以證明那是「在貧瘠的土地上發光」的滋味。

曾秀碧

三寮灣人。家裡開雜貨店做生意，由於在學甲看到有人賣蚵嗲便決定效法，經營起自己的攤子。25歲開始在東隆宮前賣蚵嗲，至今已逾半世紀，還推出黑糖粉粿冰、炸蕃薯、炸吳郭魚等小吃，是三寮灣人的鄉愁。

8 物件微觀地方

OBJECT

每個物件自有它的武林，
這些不起眼的小物，
在沿海居民的日常生活中卻有著不凡的意義。
包裹著豐收的期許、信仰的虔敬，
撐起三寮灣人的生存之道。

撰文●曾詠榆．攝影●安比

OBJECT

藥籤

撰文・林柏旭

早期庄內居民若有醫療需求，會到東隆宮祈求藥籤，而後到庄內的漢藥房，便會拿出藥籤簿，調配對應號碼的藥方劑量。傳聞曾有人祈求治療眼睛，但是卻得到治筋骨的藥籤，沒想到隔一天果然就摔斷手。如今居民醫療習慣大多轉為西醫診所，藥籤櫃也久未開啟，前去藥房抓藥用途也大多是料理、調酒所用。

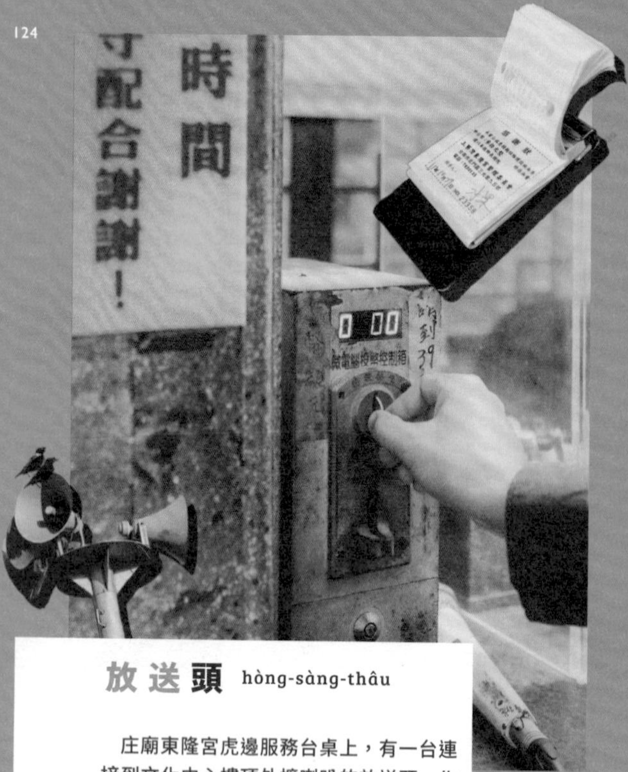

放送頭 hòng-sàng-thâu

庄廟東隆宮虎邊服務台桌上，有一台連接到文化中心樓頂外擴喇叭的放送頭。作為全庄的訊息傳播中心，服務範圍包含政令宣導、通知居民拜拜等庄頭公共事務；若有其他需求者，像是每日進庄做生意的行動攤販們，則可以投下 20 元，稍待 2 秒連線後即擁有 38 秒的時間向居民宣傳。

撰文．陳致豪

剪刀

撰文・王璽

對蔥農來說，剪刀是收成時最重要的工具。橘紅色的弧形握柄和短短的刀刃有別於一般剪刀，較大的握柄讓剪刀開合的動作更輕鬆，短刀刃則讓使用者在剪蔥時可以更好操控。由於收成常是整天的事，便利的設計為蔥農省下不少力氣。

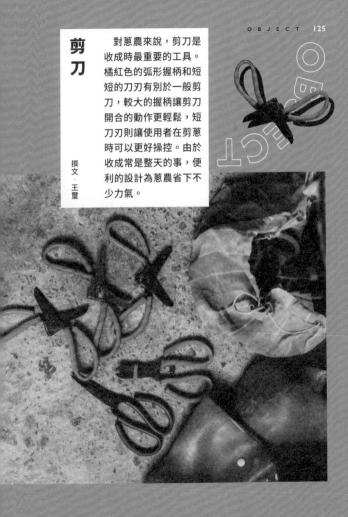

網罟

撰文・許維芯

當地的養殖漁業極為多樣化，包括虱目魚、蛤蠣、龍虎斑、白蝦等，而不同的魚種在其生長過程中需要使用各種不同類型、材質的網，來進行相應的工作。在冬季曬池或漁民考慮轉型養殖其他魚種時，他們可能會將網罟放置在路邊或家中閒置。有些人甚至巧妙地將這些網循環利用，例如作為農田格柵，或是用來劃定自家庭院空間的圍籬，為當地居民提供了更多的可能性。

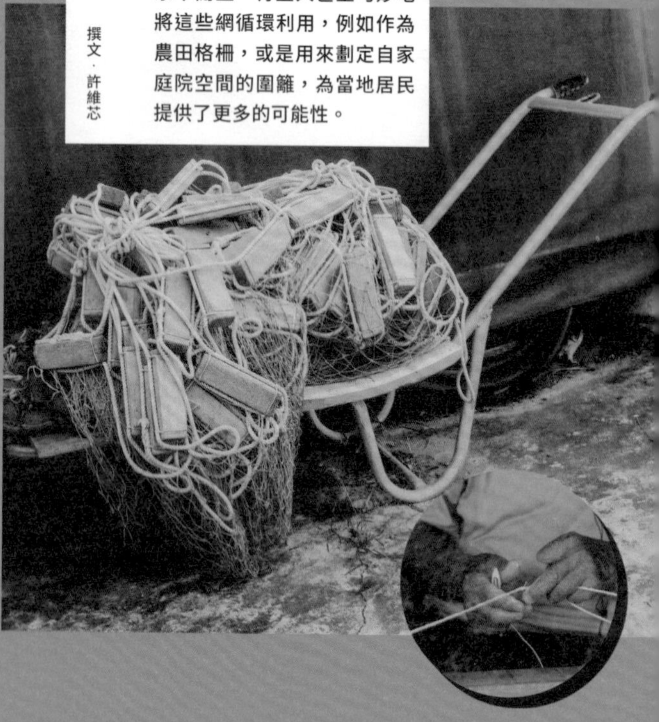

OBJECT

感謝狀
承蒙台端惠捐廟埕維護設施油香
新台幣：參拾元整
功德無量
謹以本狀聊表謝忱
三寮灣東隆宮管理委員會
台南市北門區三光里九五號
電話：7850135
經手人：
112年8月18日 NO. 22509

清潔費收據

廟埕是庄內的貨物集散地，從透早、下晡到黃昏，總能在東隆宮的廟埕看到攤車的身影。攤車來到後，廟祝會來收取清潔費，半天 30 元，不算太貴。賣水果的阿伯指著收據說：「這 30 元算是跟大王爺借地做生意，祂也會保佑我賺錢，不會讓我虧到。」原來，在廟埕內、砧板上、菜籃裡累積起的庶民經濟，是居民、攤車頭家及神明共同創造的。

撰文．陳浥潔

9

廟管庄頭大小事

GODGOD

撰文●曾詠榆．攝影●安比

「姓劉？應該住在齊天宮附近。」

七個角頭廟彷彿各姓家族的門牌，劃出人群分布的痕跡。

而居民口中的「大廟」，則是三寮灣人的心靈依憑之處，

遇到問題時，別急，不妨先聽聽神明怎麼說？

信仰全方位，保庇零死角

GOD [illegible]信仰

撰文●陳致豪．攝影●安比、陳致豪

三寮灣庄一鑑事

三寮灣庄裡聚集了許多姓氏的族人，因此除了信仰中心東隆宮之外，尚有七間不同氏族建成的角頭廟；大小廟宇周圍四處可見五營兵將，庄裡俯拾皆是虔誠的信仰痕跡。

三寮灣是倒風內海沿岸的海埔浮覆地，清代以來便匯集多姓族人來此定居，不同群體帶著各自的信仰，延續至今，成為七姓氏、九氏族各居一角，建成七間角頭廟的特殊情況。而在庄頭居住空間外圍，亦有多間三面壁式的小祠，祭祀落土成神的先民。在這些地方神、角頭神之上，則是象徵統領全庄的大廟東隆宮。

東隆宮原名慈安宮，是三寮灣人起建的公厝式廟宇，歷經皇民化運動「整理」之後於戰後重建，又因爲東港東隆宮溫府千歲駕臨指示要來輔佐主神李府千歲，遂將落成新廟改名爲東隆宮。正殿坐鎮的五位神明：李府千歲（庄民普遍稱呼其爲大王爺）、溫府千歲、吳府千歲、保生大帝、池府千歲，則交織出三寮灣特殊的信仰風貌。李府千歲是庄頭主宰，具備庄頭神的領主性格；溫千歲來輔佐後開啟三寮灣的王船祭祀；神威顯赫的南鯤鯓三王吳府千歲傳說和三寮灣李府千歲是好友，更在庄頭留下「幫李府千歲踏地理」的傳奇；以學甲慈濟宮保生大帝爲核心的學甲十三庄祭祀圈包含三寮灣，每年上白礁謁祖與三年一次的學甲香，十三庄之一的三寮灣大廟更是不可或缺；而池府千歲則是由庄內劉姓族人落公而來，見證庄頭共同信仰整合的歷程。

當年水城堂重建落成後，三寮灣東隆宮的大王爺與蘆竹溝西天宮大聖公一同出席儀式。

以神為單位的社會安全網

大王爺的庄主身分，對外作爲三寮灣的代表，如同地方大家長一般和周遭庄頭互動，除了參與地緣祭祀圈活動，也負責出面和周遭庄頭協調利益的分配問題。像是和蘆竹溝輪流管理鰻苗標位、和溪仔寮協調三寮灣溪漁撈位置的「寫溪仔會」等。而民國 111 年大汕蘆北邊一帶魚塭的小祠「水城堂」重建落成，大王爺作爲三寮灣代表，和蘆竹溝庄主大聖公一同出席儀式，足見兩庄頭作爲鄰居的緊密關係。

東隆宮對內則是庄頭信仰的核心。例如每年農曆四月十五日大王爺聖誕之前，到東港、學甲、南鯤鯓的進香，是庄頭每年的大事之一。在這一天全庄動員，不僅各角頭廟出轎慶贊，不少庄民也會搭上遊覽車，或是自行驅車，「跟著大王爺出去玩」；農曆七月二日由東隆宮主持的全庄普渡，居民依照各自角頭將供品擺放在各角頭廟的區域，隨著大廟一同祭拜「好兄弟」，更可以見證庄頭信仰蘊含的階層邏輯。

在這套守護地方的「社會安全網」中，還有一層「基層人員」被各自所屬的主神安排在居住空間的周圍，這些五營兵將以竹符作爲象徵，派放在小廟型的建物內或是大榕樹下。而每個月的初二或是十六（各角頭廟的時間不一樣），居民會進行「賞兵」，準備供品犒賞這些辛勤的兵將；有趣的是有些角頭廟甚至延伸出「賞兵會」，庄民每個月繳固定的錢請外燴來辦，不僅方便祭祀，當天結束還有桌菜得吃，是一個月一次的特殊時刻。

LOOK!

圖解三寮灣廟事

撰文●陳致豪

庄頭廟｜東隆宮▸三寮灣的地方中樞

佇立在三寮灣中心的東隆宮是庄頭大廟，主神李府千歲則被庄民奉為庄主，是三寮灣庄頭信仰中地位最崇高的神祇。大廟廟埕是庄頭生活中樞，周圍有兩間簐仔店，也有移動攤販集中在此做生意，每週五晚上更有小夜市。

閩南氏建築

東隆宮宏偉富麗的廟貌從民國 67 年重建之後延續至今。當時廟方請來各大匠師參與修建，有大木匠師陳錦木規劃廟體格局，在裝飾上亦有許多後來榮獲薪傳獎的匠師操刀。走入東隆宮，有如步入傳統工藝藝術殿堂，這裡的每一處細節都值得細細品嘗。

廟埕棚架彩繪

大廟廟埕的棚架是庄頭老小遮陰納涼的好去處。有趣的是上頭的彩繪，有眾神與三寮灣的傳奇故事，更有三、蘆兩地，紅蔥頭、蚵仔養殖的產業風貌。有別於常見的忠孝節義，廟宇彩繪也能表現出在地性。

角頭廟

三寮灣的角頭廟多數含有「祠廟合一」的特殊性質，或是具有濃厚的宗族廟色彩。宗族替族內輪祀的神明蓋廟成為角頭廟，同時廟裡面也供奉著自家宗族的神主牌位，亦或是成神的族人。

田隆宮 ▸ 僅存的角頭自組宋江陣

庄頭東邊的田隆宮主祀田都元帥，一旁奉有曾姓祖先牌位。傳說曾姓是最早來三寮灣的氏族，而主神田都元帥也被認為是李府千歲來三寮灣之前的庄主。全盛時期，三寮灣有三組宋江陣，現在眾角頭中僅剩田隆宮還維持著。

齊天宮 ▸ 唯一兩姓合祀角頭廟

庄頭南邊有著高大樓梯的北式廟宇，是劉、侯兩姓的共同角頭廟齊天宮，廟內奉有兩姓氏的祖先牌位。齊天宮主祀齊天大聖，而廟內也奉有先人成神的侯府元帥。侯姓亦是庄內的大姓之一，早年有宋江陣，現已絕跡。

慈隆宮 ▸ 朱姓族人成神多

在齊天宮前面不遠，面向蔥田的慈隆宮主祀神盼姑娘娘（吳盼姑），是朱姓族人從馬沙溝分靈而來，廟內雖然沒有供奉朱家的祖先牌位，但是有幾尊朱姓族人成神的神明，像是朱府千歲、朱府元帥、朱姑娘等，深具宗族廟色彩。

法安宮 ▸ 奉有黃姓宗族祖先的角頭廟

三慈國小後方莊嚴的北式建築是黃氏宗族的角頭廟，主祀法主公，奉有黃姓祖先牌位。此廟的廟址是經由南鯤鯓三王和大王爺聯手選定，鎮殿神龕的三尊法主公神像，則分別代表黃姓宗族的三大房。

三安宮 ▸將軍溪畔迎請而來的林府相公

國小後方和法安宮比鄰而居的南式廟宇是三安宮，三寮灣林姓族人所建。主祀神林府相公相傳是先人自三寮灣南邊將軍溪畔迎請而來，因此每年當林府相公聖誕時，進香後亦會回到此地舉行簡單隆重的燒王船儀式。早年有宋江陣，現已絕跡。

文衡殿 ▸廟前一隻關公駿馬

位居庄頭東北方的文衡殿是許姓族人的角頭廟，主祀文衡聖帝、許真人、城隍爺，廟內並無奉祀祖先牌位。而在建設文衡殿之前，三寮灣許姓宗族便已參與溪北地區一代的同姓輪祀聯盟「許真人會」，因此許真人亦是文衡殿的主神之一。

城隍宮 ▸懲善罰惡城隍爺

鄰近大廟東隆宮，「王爺窟」後方的廟宇是城隍宮，主祀城隍爺。此廟本是三寮灣另一支曾姓族人的角頭廟，隨著越來越多外姓族人信奉及參與廟務，宗族廟的色彩不像其他角頭廟濃厚。廟內算盤匾及「爾來了」匾使氛圍格外莊嚴肅穆。

註

由捐獻芳名錄一探離鄉族人去向

若是仔細觀察各角頭廟的捐獻芳名錄，除了放眼望去大多是同姓的族人外，也能發現有許多標示來自高雄的族人寄付。這和台灣社會民國 40、50 年代甫興起的加工業、重工業有關。三寮灣周圍的田土鹽份高，不是養殖魚塭，就是種地，有魚塭養的倒是還好，然而種作的生活就艱難許多。三寮灣位處灌溉水的尾端，雖然庄民也曾經嘗試種植稻米，但後來受三年輪作制的限制，最終宣告失敗。家鄉生活大不易，許多三寮灣人遂向外搬遷到就業機會多的高雄去尋求更好的發展。而每年角頭廟的主神聖誕時，也會看到有許多從高雄包遊覽車回鄉同賀的族人。

撰文●吳芮甄．攝影●安比、吳芮甄、劉怡青．歷年王船祭照片提供●三寮灣東隆宮

三寮灣庄一鑑事

東隆宮的王船文化並非一開始就有，而是因溫王爺奉玉旨前來輔佐大王爺，來到庄裡後大顯神威，庄民便依其指示造木船並祀於廟內。

在三寮灣東隆宮的廟埕，伴著裊裊餘煙，一艘王船靜靜地停放於此，規模大且樣式精美。事實上，光是永祀王船，東隆宮便祀有三艘。一旁的東隆文化中心，裡裡外外存放著王船雕刻與彩繪，並立有三慈國小學童親手撰寫的介紹。如此頻繁出現的王船印象，令人好奇起王船如何存在地方的生活中……

王爺信仰作爲西南沿海一帶常見的信仰，但燒王船的習俗並不是廟廟都有，而三寮灣的王船實與溫王爺有關。相傳在民國 34 年，大廟正在加開大王爺金身，突然，金子（乩童）發起來，自稱爲東港東隆宮的溫府千歲，奉玉旨前來輔佐大王爺。後來，爲了感念溫王爺的協助，在民國 38 年重建新廟時，慈安宮便易名爲今日的「東隆宮」。來到三寮灣後，溫王爺可說是大顯神威，陸續替庄裡整治水路、安「七星墜地」，以及抓捕賊犯等，安定了庄內的生活與秩序，種種事蹟讓庄裡的人心悅誠服，並以「二王爺」尊稱。除了與大王爺一同奉爲大廟主神外，庄民們亦依神旨，造一艘木船祀於廟內，稱之爲「溫王船」。

對庄民而言，燒王船是場與神、與人的「交陪」

談到王船，居民大部分的共通答案是——「這個你要去問廟裡面的人。」對大多數庄民來說，王船出廠、煮油淨穢、兵將開光等儀式都是乩童與道士的事。

對庄民而言，燒王船更像是一場「交陪」。家家戶戶燈籠高掛，農曆十一月初一溫王爺聖誕，上午每戶人家都忙著普渡。「供品會比一般普渡多，因爲這是大事。人或供品太少可能會跤沒梧。」庄民林東邦說，海口人「較豐沛」，費工的炸虱目魚、大花枝丸一盤盤

廟裡這艘王船是庄民奉溫府千歲神旨所造，故又稱為「溫王船」。

上桌，通常擺完，整條市道 174 號直到王船地都被擠得水洩不通，王爺很少不允桮。

同時間，廟埕一隅也是熱熱鬧鬧。「有一次我們庄裡出了兩團宋江陣，庄裡出一陣，曾姓那裡出一陣，圍著王船遶。」身爲其中一員的林東邦神采奕奕地說道。時辰一到，衆人齊力推王船送王爺出去，在地雕刻師傅曾木志表示：「我們在送都是歡喜地送，只有在最後要燒的時候，我們會偃旗息鼓，讓王爺安安靜靜地出去。」

而在王船下一同出力的，不只是庄內人，更有那些出外人！「如果在辦桌我們都會回來，也會邀朋友來。」林東邦回憶過去，在三寮灣，婚喪喜慶各種人生大事都希望有神明的參與，反過來神明的大事我們怎麼可以缺席！

大人忙著普渡、出陣，那麼庄裡的小朋友呢？對小朋友來說，從王船漫天灑下的糖果、硬幣彷彿就是祭典最高潮！但如何搶贏大人就要動點腦筋了。

王船祭，是一場凝聚起庄裡庄外、各年齡層的庄裡大事。之所以盛大，「那是幫神明做事，不是幫人做事。」林東邦一語道破。但除了人神交陪，無數的連結也發生在人與人之間。當眾人滴著汗水、手撐著王船，和你比肩的，可能是親朋好友，也可能是住在庄裡對角，素不相識的人。但這時候，大家的心在一起——我們都是三寮灣人。

停辦十年，年輕一輩失落的記憶

「我們當然是很希望再辦，其實當初廟裡說要停辦，大家也是很納悶。」林東邦無奈地說。自民國 103 年甲午科燒王船後，王船祭便停辦了。停辦的原因眾說紛紜，有人說是成本問題，也有人說是神的想法，但沒想到一停就是十年起跳。對年輕一代而言，燒王船已屬於爸爸媽媽的記憶，就算曾參加過，也因當時年紀尚幼，印象模糊。

王船另祀奉於三寮灣東隆宮的對面，踏上階梯可環繞欣賞內部精緻的設計，並透過老照片回味過往王船祭全村動員的盛大場面。

「不固定的話，容易忘記。」曾木志說。過去每三年便要動起來的手腳，隨著時間逐漸痲木。林東邦則擔心下一代無形中少了與神明接觸的機會，「因為接觸得少，下一代（對神明）有感應的機會很低，對神明就不會熱衷。」

對三寮灣人而言，信仰彷彿融於血脈中，每天燒香，每月賞兵，每年聖誕、平安宴，日常依著神明而作息。大廟興旺，整個庄頭也隨之充滿生命力。而王船祭的停辦，不僅是人與神之間，對於整個庄頭和三寮灣人的自我認同也或多或少受到影響。

王船祭，作為廟裡的大事，庄民們有錢出錢，沒錢出力，是一種人神的交陪，也是庄頭的凝聚方式。雖然源自外地，因著王爺的庇佑，以及庄民對神的感謝，王船祭最終也成為三寮灣人的一種認同道路。或許，在火光熠熠之時，隨著王船化去的，除了對王爺的感念、認同的重量，還有一份對未來的期待。

王船祭曾是廟裡大事，過去每三年就會全村動員一次，忙普渡、出陣。

GOD 3

漁村的宮廟不只是祭拜的場域

神明如何「參與」地方規範的執法？

撰文●林柏旭．攝影●安比、邱哲雄．標案文件提供●三寮灣東隆宮

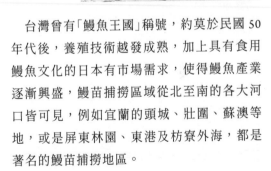

三寮灣庄一鑑事

在三寮灣和蘆竹溝，神明能掌管的地方事務繁多，連鰻苗的捕撈權都是由宮廟主持辦理招標，程序不但嚴守紀律，還能擔任漁民和政府之間的協調角色。

台灣曾有「鰻魚王國」稱號，約莫於民國 50 年代後，養殖技術越發成熟，加上具有食用鰻魚文化的日本有市場需求，使得鰻魚產業逐漸興盛，鰻苗捕撈區域從北至南的各大河口皆可見，例如宜蘭的頭城、壯圍、蘇澳等地，或是屏東林園、東港及枋寮外海，都是著名的鰻苗捕撈地區。

東亞地區的鰻魚種類大多是「日本鰻」（學名 Anguilla japonica，或稱白鰻），捕撈鰻苗的地方大多出現在河流的出海口，這與鰻魚「降海產卵」的習性有關。與大眾熟知的鮭魚會溯游而上不同，成鰻會從河川往下游，在海裡產下卵，孵化後再通過河口到溪流間生長。每年從卵孵化後，鰻苗便會隨著黑潮自南向北漂流，除了台灣，其他國家如菲律賓、中國、韓國、日本亦有捕撈鰻苗的作業。

直至今日，鰻苗的人工育苗技術仍尚未出現完備的發展，依舊需要倚靠捕撈才能取得鰻苗，因爲牠珍貴的價值，向來被漁民稱作「白金」，也因爲捕撈期間鄰近年末，因此也可以說是上天給漁民的「年終獎金」。由於利益可觀，因此，誰可以抓？哪些區域可以抓？什麼時候不能抓？在某些地方便衍生出以宮廟管理的型態。

不成文的規定：兩大廟輪流主辦競標捕撈權

蘆竹溝位在將軍溪出海口，鄰近的北門潟

湖大部分作淺海養殖，也就是「插蚵仔」，但此處同時也是鰻苗熱區，捕撈點有幾個區域，最爲密集的在新北港汕、青山港汕兩座沙洲之間的開口——「大港口」，以及出沙洲後位於南北堤防旁的「南汕」和「北汕」；除此之外，尚有零星幾處爲私人以及蘆竹溝玄龍宮（太子爺廟）所有，散落在潟湖內各處。

為了避免漁民因鰻苗捕撈發生糾紛，三寮灣與蘆竹溝兩庄相互訂下「不成文的規定」，由各自的大廟——東隆宮（三寮灣）、西天宮（蘆竹溝）輪流主辦鰻苗捕撈權的競標，三年爲一個週期。每年的農曆八月十六日廟方公告招標，捕撈權時限爲得標後起至隔年農曆二月，唯投標者須爲庄內人，至於標金則是兩個宮廟各分一半。而兩宮也分別設置管理委員會、海事委員會作爲出現紛爭時的調解單位。

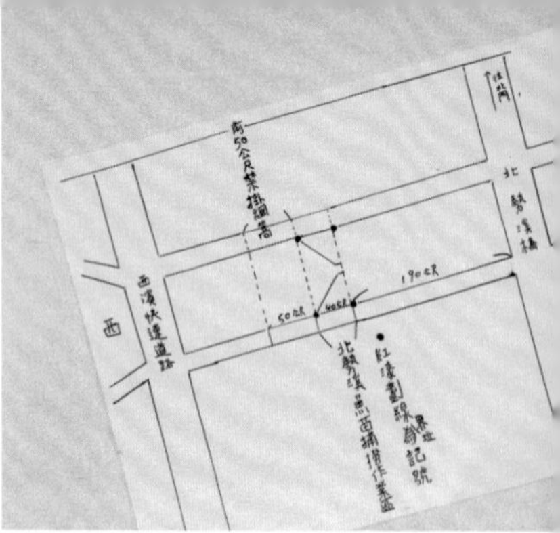

三寮灣東隆宮與蘆竹溝西天宮每三年一次輪流主辦招標事宜，現已發展出相當制度化的執行細節，文件上也會仔細標出各項權利規範與捕撈範圍圖。

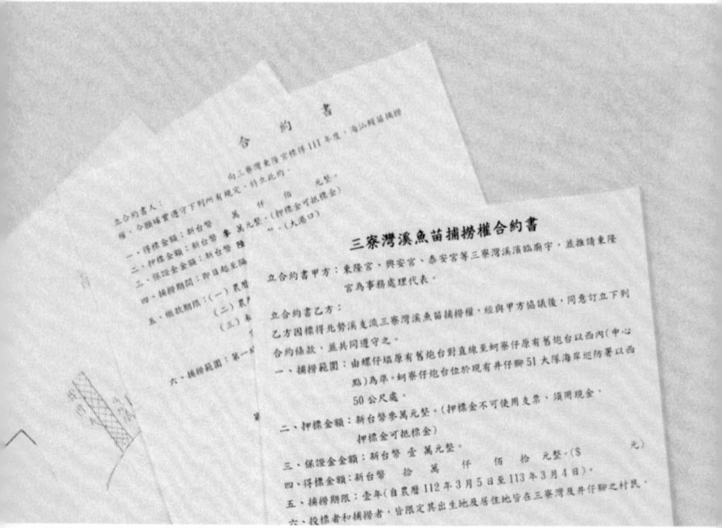

又愛又恨的兩個庄頭

實際上，這樣的程序並沒有法律效力，政府對於鰻苗捕撈相關的法規訂定，是因爲避免濫捕，在民國 102 年有訂定〈鰻苗捕撈漁期管制規定〉，規範不可於 3—10 月捕撈鰻苗；另外也在捕撈期間管制出口，避免國內養鰻產業受到外部競爭之衝擊。至於地方漁民的捕撈作業，民國 59 年台灣省漁業局曾規定捕鰻苗需要登記，但是在地方上，仍有漁民爲著鰻苗可觀利益而有爭搶，甚至發生過械鬥事件。

在三寮灣與蘆竹溝庄內有著這樣的傳說，北門庄的人曾過界捕撈鰻苗，爲此，兩庄人集結起來，共同抵禦外庄人侵犯我界，最後在地方大佬們出面調解下，紛爭才得以平息。

從北門庄越界捕撈事件中，可以看見三寮灣與蘆竹溝兩庄相互合作的樣貌，但在這相互依存下也有著競爭關係，原先東隆宮與西天宮約定所得標金分配並非各半，而是由東隆宮分得三分之二，餘下三分之一爲西天宮所得，興許是以人口數作分配原則，但是後來經過蘆竹溝庄人爭取改爲各半，畢竟相對而言蘆竹溝討海者更多，實際上競標者，也以蘆竹溝人爲多。

宮廟成為地方代理人，「你看誰敢亂來？」

在捕撈權得標合約書中寫道：若是捕撈作業期間因政府機關發包等工程施工問題而受影響，由東隆宮、西天宮「先行」與政府單位協調，若是最後確定無法進行捕撈作業，由兩宮與得標者協調標金問題；又或是如作業過程中出現船隻擦撞等肇事問題，也是由宮廟來負責協調賠償問題。

「交給宮廟，就不會有問題啦！你看誰敢亂來？」漁民們就這樣遵循著好幾輩以前所留下來的規範，宮廟不僅僅是祭祀行爲發生的場域，也扮演著維持地方社會秩序的角色。雖然在地方，國家由上而下且具體的「法律」規訓系統依然存在，但此外仍有灰色空間，具有「公信力」的宮廟，便承載管理地方的角色。但奇妙的是，宮廟所有的權威性，來自於地方居民對於神明的虔誠所形成的向心力。因此，可以從鰻苗捕撈權的管理，觀察到國家規訓系統與地方規範兩者交雜而成一種具在地脈絡的社會紀律。

三寮灣東隆宮與蘆竹溝西天宮兩間大廟通力合作管理地方事務，可見兩個庄頭的緊密關係。

PLUS PLUS 一種地方？

撰文●曾詠榆．攝影●安比

地圖上，北邊是慈安里，南邊是三光里；
居民的方向感則有些不同，
往東走是三寮灣，往西走是蘆竹溝。
兩地之間沒有明顯界線，走進對方的庄頭也不稀奇，
總是兩座村莊，一同生活。

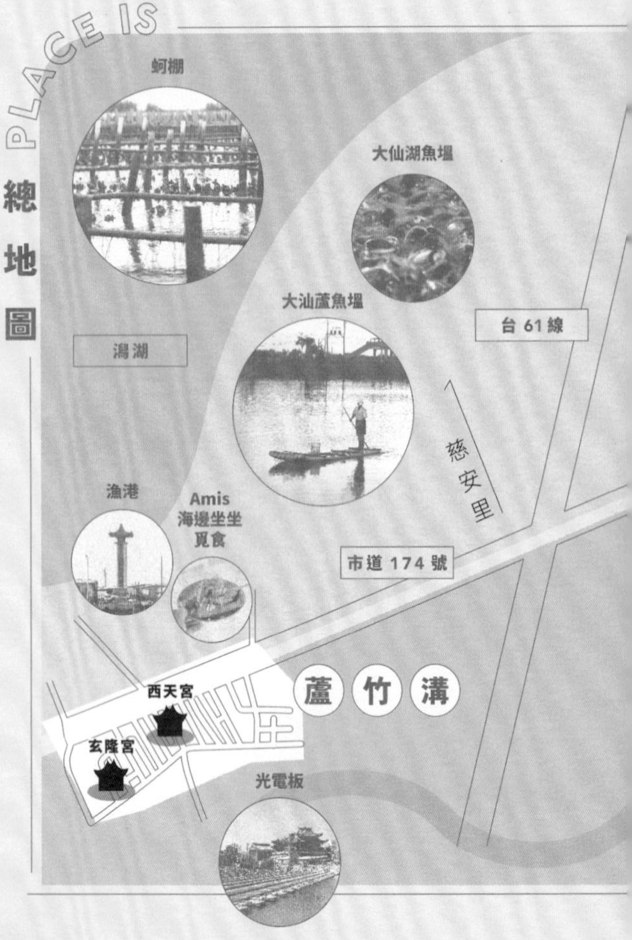
PLACE IS
總地圖
蚵棚
大仙湖魚塭
大汕蘆魚塭
台 61 線
潟湖
慈安里
漁港
Amis
海邊坐坐
覓食
市道 174 號
蘆竹溝
西天宮
玄隆宮
光電板

三寮灣
南 15
光電板
三安宮
法安宮
文衡殿
三寮灣魚塭
三慈國小
東隆宮
市道 174 號
田隆宮
城隍宮
西天宮
慈隆宮
三光里
蔥田
蘆竹溝
1.5 km
三寮灣
23mins
7mins
5mins
沿途可見 ››
台 61 線與大片魚塭、蔥田
將軍溪

PLACE IS

撰文●許維芯

自然村還是行政區？

● 認識地方的兩種名字

很久很久之前……蘆竹溝曾經被歸屬於三寮灣

當地居民被問到是哪裡人，並不會回答「慈安里」或「三光里」人，而是「蘆竹溝」或「三寮灣」人，這個有趣的現象是怎麼回事呢？

日治時期，這兩處分隔二地的聚落都被稱作為「三寮灣村」，並受保甲制度簡單化分成三保（頂角、中角 、下角）。爾後，蘆竹溝居民花了十幾年爭取正名，這兩個傳統聚落才以「蘆竹溝」與「三寮灣」區分開來。這正是蘆竹溝地區的舊門牌，部分仍多標註著「三寮灣」的原因。

慈安里與三光里，戰後騰空出世！

到了戰後，為了行政管理方便，政府便以當時的 174 縣道為界，北爲慈安村、南爲三光村。這樣的行政區劃分，讓三寮灣被拆分為慈安村和三光村的 1—12 鄰，蘆竹溝則為三光村 13—18 鄰，少部分歸入慈安村 1 鄰。而在民國 98 年台南縣市合併升格直轄市，原本的「村」便改為「里」，才有今日的慈安里與三光里。

由於村莊內沒有巷弄與路名規劃，經驗老道的郵差和當地居民早已養成了小默契，會利用門牌號碼辨識編號區間有哪幾戶人家。否則兩個庄頭如此廣大，送包裹就只能一戶一戶、從蘆竹溝數到三寮灣了。

1 校外教學，全校師生 60 人全員出動！

由於學校師生數量約 60 人上下，每每校外教學總是全校一起出動。像是一同前往「台灣歷史博物館」，聽著當地的導覽員解說歷史文化之美，抑或前往「政大書城」，倘佯在書香世界中。近期也會乘車至新開幕的南科考古所，培養學生們對文史的興趣。

2 美勞課，到三寮灣東隆宮和蘆竹溝漁港走走

別再關在教室裡！三慈國小老師會帶著小朋友前往附近東隆宮觀察廟宇建築，順道到東隆文化中心參觀本土文物展，有時也會至蘆竹溝的漁港，利用平板拍攝特別的物件後再回學校畫下來。許多學生因此喜歡上繪畫，並從中看見家鄉的可愛之處。

PLACE IS

一起求學、一起長大的地方？

● **兩個地方的孩子在同一所國小相遇、相伴成長**

撰文●許維芯

3 加入舞龍舞獅隊，出賽為地方爭光

許多校內學生都會參與團體活動，利用午休時間練習舞龍舞獅表演、宋江陣以及蜈蚣陣等等，除了慶典節慶時演出，也會代表學校對外比賽爭光。雖然犧牲了午休時間，但能夠與團隊一同完成比賽獲獎，並拿到百吉冰當作獎勵，是小學員們的共同回憶。

4 放學後還要一起玩！今天約哪邊集合呢？

待孩子們各自回家後，便會打電話相約在蘆竹溝或三寮灣的祕密基地遊玩。有時在漁港的廣場玩鬼抓人，有時在東隆宮的廟埕打躲避球。不論約在哪裡，只要能夠和同儕一起，都能玩得不亦樂乎！

剛逢 61 周年校慶的三慈國小，原為文山國小分校。早期文山國小學區涵蓋了三寮灣與蘆竹溝兩社區，地方學童總需花大量時間與體力走去上學。為了減輕孩子們的辛苦，社區大廟東隆宮便號召村民，最終成功獨立設校。現今三慈國小聚集了來自三寮灣和蘆竹溝的學生，雖然學童數不多，但也因而更能契合地方特色！

PLACE IS

被一條路切開或串在一起？

神明遶境不經過！道路交會處的無神之地

撰文●陳浥潔

市道 174
東西向連通兩庄的主要道路

蘆竹溝與三寮灣經常因為神明而熱鬧滾滾，但是在兩個村庄的交接處，卻是塊「無神之地」。若問起村子裡哪裡最常發生事故，蘆竹溝人會往東指，三寮灣人會往西指，指的其實是同個地方——市道 174 號與台 61 線快速道路的交會處。

台 61 線

南北向區隔開兩庄的快速道路

由於此處剛好都不在兩個庄廟神明的遶境路線上，也就意味著不屬於任何一位神明的管轄區內，因此也被一些居民稱為「三不管地帶」。不過，稱呼是一回事，許多居民其實都知道問題出在人身上，「人不遵守規矩，毋通牽拖到神明身上」。庄跤所在的安全意識較為薄弱，外地人也常常以為村內人車少，闖紅燈應該沒關係，最後就出事了。原來，無神之地其實不需要神明，只需要大家放慢速度、戴安全帽就可以了。

PLACE IS

撰文●洪綉雅

吃出來的空間？

● 以食材與料理訴說土地與海的身世

三寮灣的紅蔥頭與蘆竹溝的蚵仔如何聯姻？

碗粿，台南人最熟悉的早餐，卻少有人知道，蘆竹溝與三寮灣的碗粿，用的是鮮蚵和紅蔥頭做成的肉臊提香。這裡的人做碗粿，是遇上重要節日時，酬神拜拜才會出現的地方味。在早年物資不豐的年代，珍貴的米食加上三寮灣的紅蔥頭，以及蘆竹溝出產的蚵仔，是用來答謝神明的地方飲食特色。北門版本的蚵仔碗粿，為地方的海與土地做出最好的詮釋。

蚵螺

不如就把養蚵天敵吃下肚

生長在蚵田裡的蚵螺，外觀近似燒酒螺。因為吃蚵為生，蚵螺長越大，蚵農就越心痛。牠同時也是當地人喜愛的「鹹配」，川燙後用牙籤將蚵肉挑出，炒醬油或拌沙茶都十分對味。讓蚵農又愛又氣的蚵螺，是別的地方吃不到的家鄉味。

三寮灣人獨鍾的蘆竹溝海味

村裡廣播聲響起，「變身苦的魚車現主時在廟口，緊來買」，不到十來分鐘魚就賣掉七八成。不靠海的三寮灣村民就愛這一口海味，蘆竹溝人也都知道，漁網上岸只要有變身苦，往鄰村送就對了！一尾魚，串起兩個村子買與賣的關係。

變身苦

PLACE IS

撰文●王璽

在地人觀點？

● 三寮灣人和蘆竹溝人眼中的兩地

蘆竹溝人去三寮灣——

修機車～上安親班 剪頭髮

對於蘆竹溝人來說，三寮灣是個和工作無關，但與生活相關的庄頭。由於少有蘆竹溝人在三寮灣種蔥從農，因此會去到三寮灣通常都是為了理髮廳、汽機車修理店或上安親班。

廟埕拜拜

回老家……

除了生活需求外，也有些阿媽是從三寮灣嫁來蘆竹溝，空閒的時候她們就回到老家看看，和親戚們聯繫感情，也順道回東隆宮和各自的角頭廟拜拜。返鄉也成為另一種來到三寮灣的原因。

三寮灣人去蘆竹溝

去找朋友

買便當

對大部分種蔥的三寮灣人來說，蘆竹溝的居民們以討海、養蚵維生，每天都有機會得到收入。而三寮灣人種田比較樸實，收入大多靠一年一次的收成，相對勤儉。從事的行業使然，海邊的人或許比較大方、熱情，但其實沒有特別的不同。

買海鮮！有龍蝦、螃蟹還有蚵仔！

另外，過去三寮灣人會去蘆竹溝挖蛤蜊、抓螃蟹、養蚵，在三寮灣散步時，偶爾也會看到家戶門口掛著蚵繩，又或是和蘆竹溝一樣的蚵殼堆。庄內部分人同樣從事海邊的工作，也讓三寮灣人更認識蘆竹溝。

看夕陽

倒風島豐

迴聲社造／著・台南市政府文化局

由一群在當地從事社造、深耕多年的成大學生，以新鮮視角記錄三寮灣和蘆竹溝兩地的風俗民情。

碩士論文

三寮灣——臺灣漢人庄頭的社會構成研究

程俊南／著

書寫在三寮灣蒐集到的田野資料與歷史文獻，說明該地神明信仰與社會兩者間的關係。

臺南奇廟對談

EP.8 北門區：
臺灣總爺總廟／南鯤鯓代天府

闗不上的故事盒／製作

台南市政府文化局自製人氣節目，陳益源教授邀請黃文博校長一同介紹南鯤鯓代天府及相關傳奇故事。

PODCAST

PLACE IS

撰文●許維芯

閱讀地方的方法

● 書、繪本、論文和 PODCAST

想更認識地方，就需要從不同視角去切入。一起用更多元的角度，挖掘三寮灣以及蘆竹溝的美好吧！

174山海戀：從蘆竹溝到楠西

黃文博／著・台南市政府文化局

台南的市道 174 號由西向東串聯海與山，跟著作者沿線探索大小庄社的歷史、人文、信仰、產業、美食。

繪本

戀戀三寮灣——大王爺的好子孫

台南市北門區三慈國民小學師生／著
台南市政府文化局

由三慈國小的師生一同創作的繪本，童趣地介紹地方的宗教、文化及產業。

PLUS PLUS

PLACEIS

林柏旭—台師大台灣史研究所學生，國籍苗栗，喜歡挖掘台灣各個地方的歷史，同時也是究極黃色控，無所不黃，在路上會數穿黃色衣服的路人有多少個。

許維芯—喜愛創作的新北人，現為成功大學外國語文學系大二生。喜歡到處找人聊天，再寫出能打動人心的獨一無二小故事。

吳芮甄—新安平之子，現為成大歷史系教程延畢生。座右銘是讀萬卷書，騎萬里路。移動是生活，四海為家是信念。最近希望野狼１２５可以長翅膀，我想去離島。

洪綉雅—從草地搬到城裡的台南人，現為成功大學歷史學系碩班生。研究飲食史，在飲食的田野之中持續與論文奮鬥著。

陳泰豪—從環境工程、生態，再碰到社區，然後從蘆竹溝住到台江的半海線仔，現職台南社大環境小組助理研究員。嘗試做自己害怕的事情，因為那可能是你所未發掘的興趣。

陳冠樺—一位內心有著老靈魂ㄟ在地海口囝仔，用自己的步調記錄著北門蘆竹溝庄，莫忘初衷，相信自己，做，就對了。

許哲兢－屏東人，喜歡從台灣的過去了解島嶼現況，期待藉由對台灣歷史的理解，讓我去到更遠的地方。現為台師大台灣史研究所碩士生。

陳浥潔－怕冷的中壢人，現就讀台師大台灣史研究所。高中讀了三年的理組後，更加確定自己愛的是歷史，喜歡觀察也喜歡提問，但不喜歡苦瓜跟美式咖啡。

王璽－喜歡海的基隆人，現就讀成大歷史系二年級，還在努力學習生活、寫字。最近喜歡聽洪申豪和我是機車少女的歌。

陳致豪－南漂板橋人，現為成大歷史延畢生，準備前往屏大社發所。怕冷的北部人在南部感受溫暖，不論是氣候還是人，享受在庄頭浪流連。

張銘洋－成功大學歷史學系畢業，現就讀台大建築與城鄉所。喜歡透過閱讀、對談與行動探索自身的困惑，還在學習無論解答與否，都在過程好好感受。

謝仕淵－台師大歷史研究所博士。現任台南市文化局局長、成功大學歷史學系副教授。曾任台史博副館長。在運動、物質與食物構成的世界中，一方面享受人生，同時分析社會。

誌村的人 採訪團隊簡介

傅世元—成大歷史所休學仔，現任職蛙趣自然生態顧問公司，投入三寮灣與蘆竹溝的社區發展工作，希望指導教授不要追殺到這裡。

陳妤蓁—在台南生活了21年的成大歷史系大三學生（偏宅），喜歡製作專屬自己的人類觀察計畫。正在把握大學的最後一年踏踏世界，從中認識更多的自己及過程所遇見的那些人。

曾詠榆—現就讀成功大學歷史學系，嘗試用微觀視角探究人與環境的互動樣貌，以圖文分享在地生活氣息。

姜宏尚—與大北門區有緣的人，現職台南市樹林國小教導主任，曾在三慈國小服務，與一群成大歷史系熱血青年結緣。目前兼任三寮灣東隆宮顧問、蘆竹溝永續發展協會監事，及樹子腳寶安宮文物館總幹事。期盼每一個緣分的連結，讓我們居住的社區更美好。

「誌村鑑」書系的出版目的，是透過書寫讓「地方」與「生活在這裡的人」浮現在讀者眼前。期盼這本書能呈現各個遠離行政中樞的地方，如何以在地支持系統維持運作。在這裡我們看到村廟代替官方角色，對內維持秩序，對外又能與政府進行協商，讓地方運作維持一套自己的系統。

然而，要維持一支穩定發展的團隊並不容易，尤其「迴聲」團隊的成員皆是學生，因此有賴於公部門單位：台南市政府文化局、國立台南生活美學館的社造資源支持。本研究室也提供部分的資金、專業的人力與行政資源，在多方努力之下，促使本書有機會從無到有出現在讀者面前。

在地組織的協力，更是不可或缺的夥伴，再次感謝北門三寮灣東隆宮董事會、蘆竹溝農漁產業文化永續發展協會、台南市市立三慈國小、大汕蘆漁塭養殖場等，衷心感謝以上單位的多方協助。

此外，更要感謝在地夥伴，吳崑源總幹事、姜宏尚主任、方慈珮老師，以及林東邦、黃志明、邱永仁、邱洪秋美、陳冠樺等諸位地方熱情的朋友們。我們用文字，而你們用珍貴的故事，我們一起攜手完成這本小小的書。

有一個留人的理由？

本書雙主題之一的蘆竹溝，是南部沿海鄉鎮常見的漁村聚落。過去，台灣歷史習慣將海洋冠上負面名稱，黑水溝、巡岸的水鬼，各種與海的特殊氣氛有關的傳說故事，讓我們遠離海洋，無力與海爭。這是國家政府告誡我們的，也是戰後兩岸政治情勢下，期待百姓不要靠近那片海洋的「政治語言」。

然而，蘆竹溝人整日的勞動都與海有關，養蚵、捕魚，特定季節還要靠著捕鰻苗來增加收入，與海緊密依存的日常關係，造就出許多在地人才知道的海洋知識。漁人敏銳的感官辨識能力，在出發時就知道今天的漁獲量如何，只要今天一米以下的海水越是混濁，就會是豐收的一天，因為水濁代表著海裡的有機質將會帶來覓食的魚。不靠海的三寮灣，因為種蔥也發展出一套十分有意思的土地與水的平衡系統，這裡的生活離不開海的鹹、水的運用，是地方的日常與生活勞動。

近年來，綠能資源需求讓原本禁止接近的海，又被視為可用的資源。光電板搭建出新的家鄉地景。在地青壯年的焦慮轉化為改變的動力，讓更多不認識這裡的外地人，有了走進村子的理由，認識當地人如何看自己以及地方。

誌於誌村之前與之後

「誌村鑑」書系從第一本的馬祖橋仔，回到了團隊最熟悉的台南。這次選擇北門的兩個村落——三寮灣與蘆竹溝，是源於成大歷史系謝仕淵副教授帶領的「公眾歷史與博物館研究室」，四、五年前和當地社群合作的契機，開啟研究室和學生們對鹽分地帶這塊土地上的人文、產業甚至是風土病的關注。

成大學生團隊組織一支常態性團隊「迴聲」，名字背後的意涵是期待引動在地居民共生、共感與共作的迴聲，近幾年持續在這裡與在地互動，藉由國小營隊、主題展覽、文史調查與出版刊物等，用學生擅長的工具將地方介紹出去。經常留在北門的時間，比返鄉回家的時間還長。

日人曾在這裡製糖曬鹽，因為這裡海水鹹、日曬強。戰後政府也試圖推廣種植耐旱作物，解決灌溉水源不穩的問題。鹹地、光照和無水，是老天給定的條件。生活在當代的北門人，又是如何克服先天的水土條件，讓自己生存的「地方」

響似乎並不那麼的大，購買水果、擺設香案，神明經過要燒金等程序成爲例行公事，只求外地來作客的神明賜福賜平安。在這片水域賺食，生活總是佔著第一順位，工事就只有在庄主大聖公聖誕之時才會稍作暫停。在進香這天，是庄頭一年最重要的時候，居民一早跟著大聖公去進香，下午在家迎接庄主請水後云庄（全庄繞境）。

同一片水域在不同人的想像中有著截然不同的映象，對於前來請水的外地人來說，這裡帶著民俗觀點中對於荒野、山川、海洋等無人煙地帶的神祕想像；然而對居民來說，這裡養育一代又一代的蘆竹溝人，而海的一端亦是精神寄託大聖公來的地方，居民帶著飲水思源的精神，珍視這片與生活息息相關、安身立命的所在。

時，作爲庄主，大聖公的請水地點和外地廟宇不同，外地廟宇來請水時，是在娘媽廟前的下船斜坡；而大聖公請水，則是在更北邊一點延伸進潟湖的堤岸尾端。

順帶一提，根據地方木工匠師邱登木所述，大聖公乃是鎮守西天門的神明，因爲本身就是天神，有自己的兵馬（西天宮主殿的中營鐵甲兵大令，此令爲大聖公專屬特種部隊），不必特意請兵將天庭就會調撥兵力下來。這或許也是爲何大聖公通常抱著來者是客、以客爲尊的態度接待這麼多外地廟宇前來蘆竹溝的原因吧。

水，是安身立命的所在

即便每年這麼多場外地廟宇的請水儀式在蘆竹溝進行，對蘆竹溝人的影每當看到西天宮、娘媽廟出現黃色的香條，就代表最近幾周的假日要準備拜拜了。請水當天，大量人群隨著繞境隊伍進入庄頭，有人潮就有商機，也會有幾攤專門跑廟會場的攤販，特地到漁港邊做生意。

你招兵買馬，我飲水思源

庇護著蘆竹溝人能安定在海上為生活奮鬥的庄主飛天大將，每年也會在其聖誕（農曆九月二十四日）之前的假日進行進香暨請水云庄，然而不同於外地廟宇僅是來招兵買馬，實際上透過儀式代表著「飲水思源」的意涵。相傳大聖公是蘆竹溝先民在外海捕魚時，援救一艘中國船隻，拖回庄修復並施以白米糧食，船上人員為感念，將護船神尊大聖公留於蘆竹溝，護佑蘆竹溝人。所以居民透過請水，也象徵不忘神明由來、飲水思源。同

碑，則是大灣清濟宮退出慈濟宮上白礁請水火謁祖之後，決定自行請水謁祖，在第一次慶典後留下。這對蘆竹溝來說具有非常大的意義，在居民的共同記憶中，紛紛指向自從大灣廟來之後，越來越多的外地廟宇前來請水；尤其是古佳里興堡範圍內，今佳里、麻豆一代的廟宇，及由神明指示來此請水之宮廟。於是乎好客、虔誠的蘆竹溝，近年來成爲大北門地區廟宇的請水聖地，一年將近十場請水儀式，也悄悄進入居民的生活作息。

在請水儀式前，廟宇會張貼榜文說明時地細節、告知眾人。

空間的周圍，並且用五營營頭圍成結界，庇護庄頭。

在民間信仰的概念裡，請水招軍就等於將靈體從地方請走，對請水地附近的庄頭來說不啻一大損失。在此顧慮之下，有些掌管請水地的廟宇在外人來招軍的程序上，便會較爲複雜且具有門檻，除了要來向地主打聲招呼，能否請水也必須得到「庄主」的同意，通常使用擲茭方式進行，若是溝通失敗便沒轍。而蘆竹溝庄主大聖公對於外來的廟宇則是相當歡迎，但需先來跟大聖公稟報請水相關事宜，以示尊重，而這些客人請水之時可以順道繞境庄頭、賜福地方，就是雙贏。

成為請水聖地，一年好幾場請水

請水除了有請兵將的作用，還有「回鄉謁祖、飲水思源」之意，尤其在大北門地區又以學甲慈濟宮上白礁謁祖最爲有名。漁港邊立著的大型紀念前，更要參拜鎮守在漁港北邊的娘媽廟。S型的遊庄路線，是各家廟宇前來請水的固定路線，隨著越來越多廟宇前來請水，爲了避免有些陣頭特別長的繞境隊伍在路幅不大的蘆竹溝相撞，於是定下了這樣的慣例。

拜請水兵水將到壇前，請水目的請兵將

吉時一到，紅頭法師帶領廟方人員走下漁港北邊的斜坡舀上一碗水，象徵水兵水將被招募，並跟著神明回去修練。

對大部分外地來請水的宮廟來說，請水的目的是爲了「補充兵將」，亦即到傳統上被認爲「靈體比較多」的地方「招賢納士」，而北門潟湖就被認定爲是個靈體多且「有力」的地方。這些招募來的靈體，經過修練之後可以養成神明麾下的可用之兵，聽命於庄頭神的指示，鎮守在庄頭居住

蘆竹溝庄一鑑事

每年都會有許多各地宮廟前來蘆竹溝漁港「請水」，這項儀式乍看字面不好理解，但簡單來說，請水的目的多是為神明「補充兵將」又或者回鄉謁祖。透過舀水，象徵招賢納士與飲水思源。

(西天宮放送)

「各位庄民大家好，明天新宅天玄宮要來請水，請各家戶在門口埕擺辦香案迎接。」

翌日一早，居民紛紛在門口擺設香案、奉上四果表示敬意，歡迎外地前來請水的眾神蒞臨，合境平安。大約中午時分請水隊伍在庄頭路口下車，鑾進庄頭沿周圍行走，經過五十戶、光電海，鑾進庄廟西天宮參拜，再從市道174號鑾進太子爺廟的後面大路。拜過太子爺廟後，沿前面的馬路出庄頭往漁港北邊的請水地前進，駐駕休息之

請水既為招兵買馬，亦象徵飲水思源

GOD　港邊潟湖特殊的請水文化

2

撰文●陳致豪・攝影●安比、陳致豪

「神明旅行團」也會前往三條崙海清宮進香作客。耆老感嘆地說道，以前到三條崙進香時可說是盛況空前、鬧熱滾滾，居民熱烈歡迎當年在海上認識的老朋友，然而隨著老一輩的人逐漸凋零，情感流逝，也不復往日熱鬧。

這樣的原因除了船隻動力機具發展，速度變快而減少在外留宿的情況，另一個更大的原因或許來自於蘆竹溝港口淤積、近海漁業資源枯竭，二、三十年來已幾乎沒有人出海捕魚，自然就少了接觸的機會。

即便如此這份最早因捕魚而牽起的兩地情誼，依然藉著宗教活動而延續下去，同時也成為蘆竹溝漁民在台灣沿海地帶奮鬥的見證。

LOOK!

從雲林三條崙跑到蘆竹溝的包公爺!?

撰文●陳致豪

蘆竹溝庄廟西天宮眾神雲集，當中不少原本由庄民自行奉祀的私佛，因五十年前「起公厝」而「落公」成為庄民共祀的神明。其中有一尊來自雲林三條崙的包公爺，究竟這尊包公爺，怎麼會從三條崙跑到蘆竹溝來呢？

原來早年蘆竹溝漁民時常出海征討，從耆老口中可以見識到附近的高雄、澎湖、雲林，甚至更遠的新竹、桃園等台灣西部近海海域，都有蘆竹溝討海人的蹤跡。然而在動力機具還不發達的年代，航海時間長，加上作業時間根本無法一日往返，很多時候漁民便會到沿海庄頭做買賣和借宿，因此促成蘆竹溝漁民和三條崙居民之間的緣分，有漁民後來更直接將三條崙海清宮的包公爺請回蘆竹溝祭祀，牽起兩地情誼。

包公爺落公後轉由全庄人共祀，在農曆七月初十包公生這天，庄民紛紛在西天宮前擺上供品祝壽，並請包公爺回祖廟謁祖。而每年農曆三月媽祖生往北港朝天宮進香的大日子，

角頭廟—玄龍宮▼

蘆竹溝唯一角頭廟

面向潟湖的玄龍宮是蘆竹溝唯一「祠廟合一」的廟宇，主祀太子爺公為邱姓開基祖從中洲移墾時恭請而來，廟內奉有邱姓先祖牌位。村民稱呼玄龍宮為太子爺廟，廣大廟埕也是小朋友玩樂及嫁娶喜慶的場地。廟門前裝著大型的珠簾，用來防止鳥兒誤闖！

頂頭廟—賢元帥廟（娘媽廟）▼

潟湖和漁港的守護神

賢元帥廟，村民習慣稱呼頂頭廟仔或是娘媽廟。在蘆竹溝，娘媽的地位崇高，而娘媽、賢元帥與大聖公的聖誕同日，因此當天所有的祝壽儀式，也會在娘媽廟一同敬拜；而在中元普渡當日，大廟普渡完後，村民會再將供品載往娘媽廟敬拜一次，普渡才能算圓滿完成。

南邊廟仔—城隍廟▼

被魚塭包圍的城隍爺

城隍廟位於蘆竹溝東南邊，村民習慣稱呼為南邊廟仔，主神為城隍爺。早期屬於有應公信仰，因保佑周圍魚塭主平安順遂及漁貨豐收，由庄廟主神保薦升格為城隍爺。開基的城隍爺神尊現已恭請至庄廟，由另雕的副尊城隍爺鎮守城隍廟。

LOOK!

圖解蘆竹溝廟事

撰文●陳冠樺．編輯整理●陳致豪

庄頭廟─西天宮▼
庄頭人群集會中心

西天宮乃蘆竹溝的信仰中心，主祀飛天大將（爐下弟子尊稱為大聖公）。此廟最早創建於民國40年代初期，廟體類似古厝型式，村民習慣以「公厝」稱呼之，親切且道地。公厝是村民討論重大事情的集會地點，是廟埕菜市場，更是孩童的遊樂場所。除此之外，早期戲台底下設有幼兒園，公厝還擔負起教育的責任。對於蘆竹溝人來說「公厝」不僅是信仰及教育所在，更是拉近人與人情感的地方。

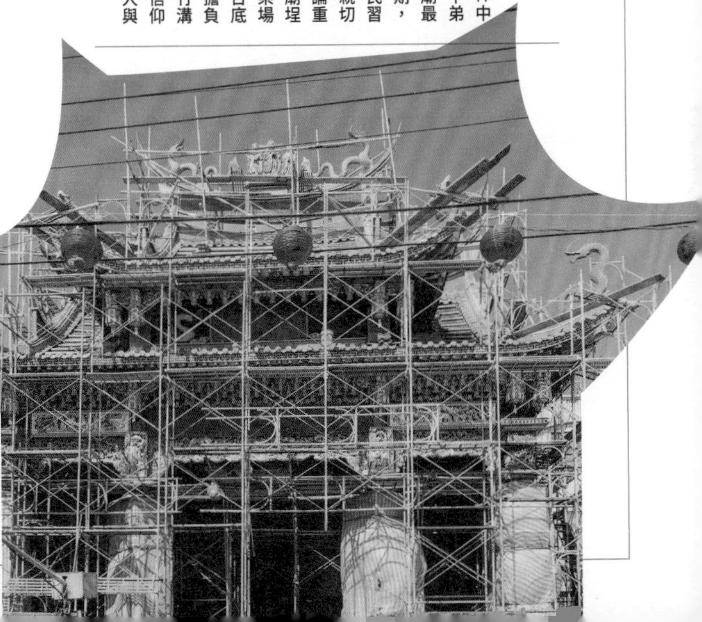

施以白米糧食，更將船隻修復。神奇的是，唐山船員欲啟航回返之時，飛天大將突抓青乩，指示奉旨留此地鎮守「發揮」，而唐山船員為報答先民之恩情，亦同意將護船神尊飛天大將、天上聖母、頭目公，留予蘆竹溝庄。

飛天大將乃道教先天道法神系雷部二十八聖神之一，其祖廟為福建省晉江市東石鎮麥園村安瀾宮。在台灣，飛天大將信仰僅限於台南市北門區，以及早期北門各庄居民移居高雄後，所恭請南下奉祀的分尊。

大聖公祭典儀式其中之一的「省親王船祭典」是特別的王船信仰，目的是要恭送主神飛天大將回唐山「省親」。早期王船祭典為三年一次，會在公厝旁綁製紙糊王船，是尚未建廟前就開始運作的方法。然而約於三十年前老乩童過世，後因人力、經費等等因素下，經請示大聖公，王船祭典不再定期舉辦，待大聖公特別交代才會再進行。

西天宮與玄龍宮奉祀主神皆爲移民來台時所攜帶之原鄉信仰，以保佑眾人民平安橫渡黑水溝。在台落地生根後，進而建廟奉祀。娘媽廟及城隍廟屬於本土信仰，並非源自移民之原鄉。蘆竹溝具備典型西南沿海的漁村信仰特質，有隨移民而來的原鄉信仰，有傳奇渡海的海神和王船信仰，更有在地鄉土的有應公信仰，詳細了解會發現實在多采多姿。除此之外，近年來也是周遭地區廟宇的請水熱門聖地！

台灣少見的飛天大將，搭王船回唐山省親

庄廟西天宮的主神飛天大將之由來，可追朔至蘆竹溝舊庄在仍外海汕洲時。嘉慶元年某日，有一唐山過台灣之船隻渡行黑水溝，因突遇海上風浪劇變，風雨過後船隻漂流多日至舊庄外海。船上人員因糧食用盡，船隻破損而處境危急，所幸蘆竹溝先民發現後將船隻拖回庄中港灣，並

蘆竹溝庄一鑑事

蘆竹溝具備典型西南沿海的漁村信仰特質，有隨移民而來的原鄉信仰、海神和王船信仰，更有在地的有應公信仰，型態多元豐富。

蘆竹溝聚落規模不大，卻有四間當地人主要祭祀的廟宇，分別爲庄廟「西天宮」、角頭廟「玄龍宮」、頂頭廟仔「賢元帥廟（娘媽廟）」及南邊廟仔「城隍廟」。其中，西天宮居民習慣以「公厝」稱呼之，玄龍宮則叫做「太子爺廟」，既親切又口語化。

清領及日治時期，西天宮與玄龍宮內的神尊皆以擲筊選爐主來輪祀，直到光復後庄內大老才倡議興建公厝型式廟宇來奉祀衆神尊，而玄龍宮太子爺於此時期經請示後，依舊跟著爐主走，沒與飛天大將等衆神尊一仝落公奉祀。

來自原鄉與海的庇佑

GOD　「廟村」蘆竹溝庄地方信仰

1

撰文●陳冠樺・編輯整理●陳致豪・攝影●安比、劉怡青

GODGOD

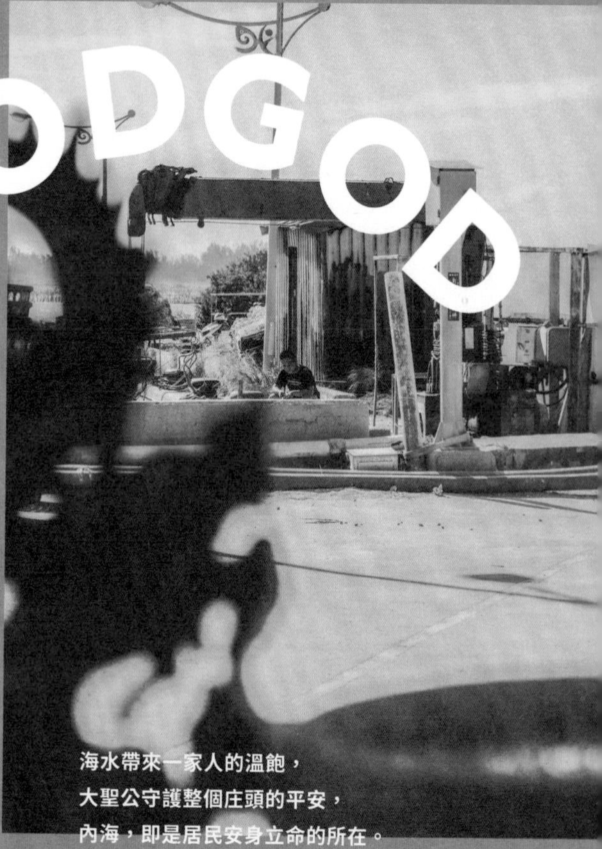

海水帶來一家人的溫飽，
大聖公守護整個庄頭的平安，
內海，即是居民安身立命的所在。

9

廟管庄頭大小事

撰文●曾詠榆・攝影●安比

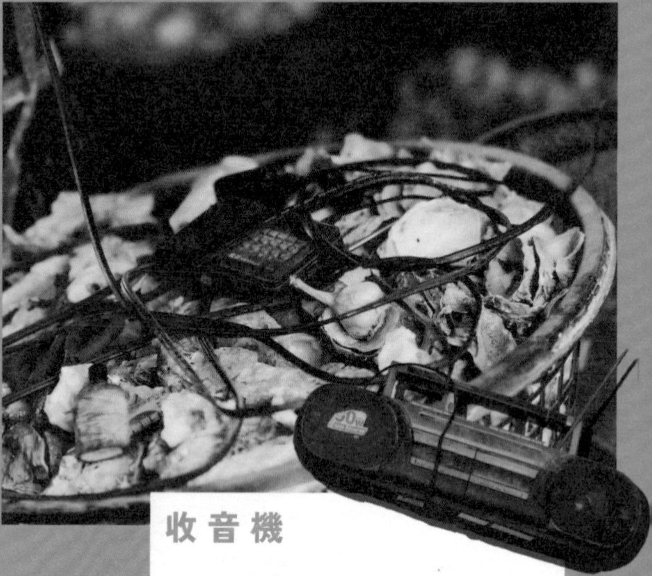

收音機

「看電視浪費時間啦，又不能一邊工作，我都聽收音機。」蚵寮內的工作需要眼、手處理蚵殼，只剩閒著的耳朵可以聆聽娛樂、打發時間。收音機一個旋鈕便能在音樂、新聞和廣播間切換，方便操作讓它取代了功能複雜的手機，成為蚵寮裡的常客，陪伴蚵農們打發工作中的無聊時刻。

撰文．王璽

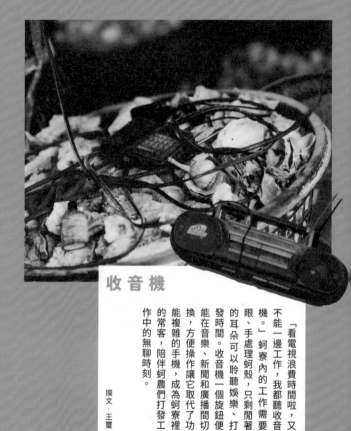

電土燈

撰文．吳芮甄

在民國40年代，電土燈是替披星戴月的漁民們打開海上之路的鑰匙。然而，後浪推前浪，新式電池燈的出現，使需要加水、填電土、點火，甚至空出一隻手提著的電土燈，漸漸消逝在便利與實用的時代洪流中。而守著搖曳火光，照亮海面的身體記憶，則成為蘆竹溝耆老們的專屬回憶。

OBJECT

椅凳

椅凳是蘆竹溝居民必備的工具，製作眉角也與當地蚵產業有著深刻連結。低矮、坐著彷彿蹲下的椅凳，高度約20公分，適合替蚵殼打洞；而綁蚵繩串和鋟蚵仔則需要半個人高的椅凳，以便居民在長時間工作時倚靠。此外，除了普遍的塑膠材質，居民也會使用綁排仔（膠筏）的膠條，以及綁蚵串的線，運用不同密度來自行編織出最舒適的椅凳，展現獨一無二的手工感。

撰文・許維芯

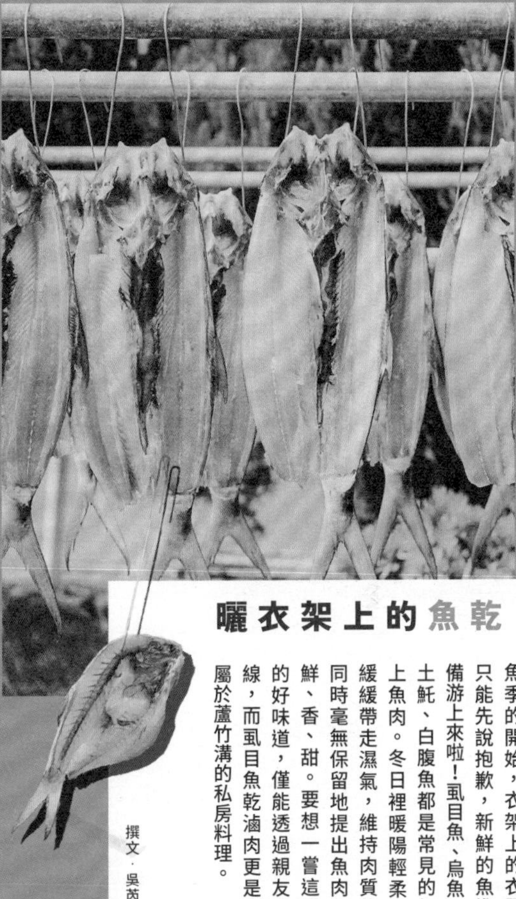

曬衣架上的魚乾

在蘆竹溝，北風象徵著曬魚季的開始，衣架上的衣服只能先說抱歉，新鮮的魚準備游上來啦！虱目魚、烏魚、土魠、白腹魚都是常見的架上魚肉。冬日裡暖陽輕柔，緩緩帶走濕氣，維持肉質的同時毫無保留地提出魚肉的鮮、香、甜。要想一嘗這樣的好味道，僅能透過親友牽線，而虱目魚乾滷肉更是僅屬於蘆竹溝的私房料理。

撰文・吳芮甄

OBJECT

蚵仔車

li-á-khah

撰文・林柏旭

蚵仔車，也叫李阿卡（li-á-khah），源自日語音譯，幾乎每家每戶都有一台，是蘆竹溝村落的標誌圖像之一。除了是用於往返於潟湖、蚵寮之間的載運工具，日常生活中也會被用來載送物資，例如攜帶祭拜供品到海邊娘媽廟拜拜，或是中元普渡到公司（西天宮）去。蚵仔車的移動方式是將前端V字型的鐵管置於機車坐墊前端，一屁股坐上去，油門便可催落去。只是如何順利轉彎，或是不讓鐵管移位導致蚵仔車暴衝，那就得靠經驗了。

8 物件微觀地方

OBJECT

物，只有一種用途嗎？
讓「它」與你談談蘆竹溝，
看看居民如何發揮物件的最大效用，
拼湊專屬於蘆竹溝的生活風格。

撰文●曾詠榆．攝影●安比、吳芮甄

域的行政機關、工廠等都會定時向歐麗淑訂購便當。曾經因爲沒有蚵仔可以養，而必須到外地找工作的歐麗淑，現在有一間屬於自己的店面好賺食，這是帶著海口人的韌性努力過日子的成果，絕不僥倖。「總歸一句，要活就要動！」就這麼順其自然的做，到現在也將近二十年，天無絕人之路，歷經大半輩子在外奔波、什麼都做的人生，如今歐麗淑安穩地停泊在蘆竹溝，回復往常規律、平靜的漁村生活。

歐麗淑

從安平嫁來蘆竹溝，在命運的牽引下，意外走出一段和多數漁村媳婦不同的生命軌跡。過往地艱苦生活打磨出堅毅性格，苦過來的人，更能從容自若地面對往後日子。工作即是生活，她說只要還能做，都會一直做下去。

心得。有腦中的這套飲食指南，搭配一如既往的「家庭式」料理技法，她所做的菜已然成爲日常餐桌上不可分割的好味道。很多時候，早上出海回來不想煮的蚵農，或是家裡已經有煮飯，但是想配些不一樣口味的居民，都會跑到麗淑的（Lê-siok--ê）便當店，包一些料理回去配，或直接買個便當「顧腹肚」。

好口味飄香二十年，不僅是在地人、三寮灣人買習慣，周遭區

作為蘆竹溝唯一家便當店，開張二十年，除了在地人之外尚會有附近的行政機關、工廠前來訂購。

他日子天天上工，「有做就覺得時間過得很快，沒有做就覺得時間過得很慢。」工作和生活之間，有著密不可分的關係，如同大多數蘆竹溝婦女們每天都做著「蚵仔的工作」，歐麗淑時隔多年再次融入了漁村的作息，只是差別在於做的事情不同而已。每天早上5、6點起床，啟動一天工事，7點多到學甲買菜，接著回到店裡處理食材、烹飪，賣得差不多後就清潔打掃，下午再到隔壁蚵寮聊天。

為地方記述下一套「蘆竹溝口味」的飲食指南

長年的煮食工作，也讓歐麗淑歸納出一套屬於她的地方觀察，像是「海口人就魚仔最有銷」，「芥藍之類，味道比較重的菜比較不喜歡」等等。透過買賣間的互動，讓她對於什麼是「蘆竹溝口味」也多少有些問她是否願意替他簡單炒個兩三道菜，讓自己下午在這吃個飯。面對這樣的請求，歐麗淑沒有多想便一口答應，到中午時炒了三道菜等著，而釣客們也真的在中午出現。有趣的是，當庄裡的人看到她有在賣便菜，也紛紛來跟她買，而且銷量出乎意料的不錯。

「如果不是那個（釣客）來這樣跟我說，不然我也沒有想到可以這樣賣。」回憶起這段經歷，歐麗淑依舊興奮不已，感嘆機遇之玄妙。因爲這次突如其來的請託，讓歐麗淑開始思考，或許這也是一門不錯的生意。尤其做早餐要起得早，通常3點多就得起床準備，她笑說：「啊我時常睡到5點還沒有起來，既然睡沒有起來就乾脆不要賣早餐了，賣中午就好！」心念一轉的她，決定轉行賣自助餐、便當。

「這邊生活也是習慣了，也不會覺得說好或不好啦。」

日復一日的工作，少有休假的時候，一整年除了過年休到初五，其暗中牽引她回到蘆竹溝，不久後，她便於現在便當店的店面賣早餐。

歐麗淑在蘆竹溝開的早餐店提供非常多元的餐飲服務，有清粥小菜葷素並濟，有肉燥飯、漢堡中西合璧，豐富的早餐菜色讓店裡生意興隆。然而意外總是來得突然，屘叔（小叔）過世，讓庄裡客人多少因忌諱而不敢到店裡消費。畢竟回到家鄉做生意，顧客們同時還多少帶著親戚關係，因此人情世故也是對經營者的一大考驗。

原本只是幫釣客簡單炒兩三道菜，最後卻開起便當店

正當生意冷清了一陣子，不知道該如何是好之時，某個平凡日子的早上，一位外地釣客的出現，牽動了命運的齒輪。他在早餐店用餐時和歐麗淑聊到：自己早上到這裡來釣魚，但是中午都沒有東西可以吃，想

了啊！」見證理容院風華歲月，這份工作跟著最後一間理容院倒閉而謝幕。隨後，去了隔壁庄三寮灣的金紙工廠做金紙。約莫做了幾年後，兩個兒子也都順利長大成人，開啟自己的事業賣起衣服，她便離開金紙廠，幫忙二兒子的生意。

四處奔波賣衣服的日子不好過，中途甚至遇過在高速公路上翻車，有驚無險地度過生死劫，生意卻還是在不景氣之下一落千丈，這項事業終也黯淡收場。她回想起那二、三十年前的往事，感嘆道：「這個可能不是我的行業啦！」因爲命運似乎正

除了賣便當，歐麗淑在端午節前夕也開始忙著綁粽子。

大約五十年前，出生安平的歐麗淑在21歲時成爲蘆竹溝媳婦，夫婦兩人在安平住了幾年後搬回蘆竹溝。和許多嫁進蘆竹溝的女人一樣，在這個以海爲本的庄頭，幫忙「海裡的工作」是共有的身體記憶，是日常。然而民國75年怪颱韋恩侵襲，一場風暴帶走先生和平靜的漁村生活，養育全家的擔子重重壓下，於是她在學甲找了一份理容院的廚房工作，煮飯給按摩小姐吃。即便這輩子從未受過專業的廚藝訓練，靠著張羅一家餐桌的家常手藝，也足以勝任。

理容院一間一間倒，煮飯工作也見證了產業的沒落

隨著學甲一帶紡織工廠逐漸蕭條，理容院的需求反映在數量上，歐麗淑游牧似地轉往一處又一處地方工作，「這間也倒，那間也倒，就倒光

煮食的人

5

PEOPLE

歐麗淑
在蘆竹溝開唯一家便當店

「就好像人家說的船到橋頭自然直」，歐麗淑歷經大半輩子風雨飄搖，竟因為外地釣客的一次請託，意外開啟不同以往的安穩生活。轉行賣便當也將近二十年，卻已是迄今73年歲月中，最長久的一份工作。

「在這邊習慣了什麼都會做。」

撰文●陳致豪・攝影●安比

歷時兩個月，兼具堅固結構和美感的王船終於完工。有別以往，這艘別緻的王船被廟方留了下來，謹慎安放在廟門旁，以木柵欄圍起，供人參拜和觀賞。而完工後幾年，因爲疫情，庄內決定停辦祭儀，新船自然不再造，邱家父子所造王船，成爲庄內曾有過熱鬧祭典的證明。靜靜停在廟口的王船，同樣也見證離開家鄉的人們，能帶著回饋地方的養分，再次返家。

邱登木

蘆竹溝人，民國48年出生。在民國50至60年代曾離開家鄉，出外學習木作功夫和打拚事業，民國80年代回到家鄉至今，現為庄內不多見的木工師傅。民國101年邱登木曾參與過庄內王船的製作，小巧的船身現存放在西天宮的門口，供人祭拜和觀覽。

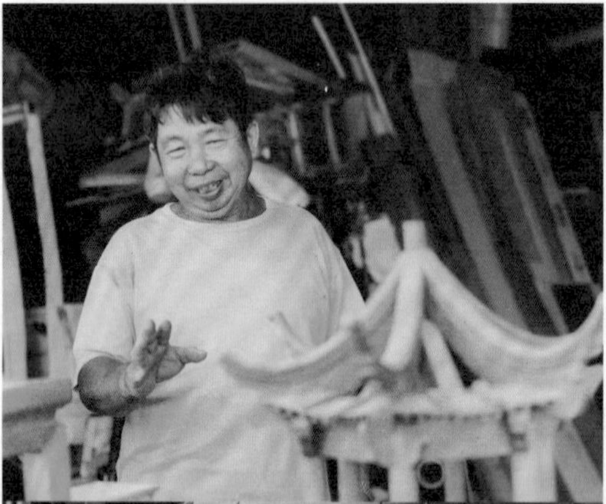

王船除了結構要勇，也要看如何把線條弄美

幫忙廟宇工作，是邱登木的日常工作，協助西天宮打造王船，卻銘刻著與地方的連結。

在邱登木主責造船前，過往的王船，多由老一輩的庄內人打造，但礙於專業技法的缺乏，並不講究構造或比例，形體有像就行。隨著老一輩造王船的人逐漸凋零，年輕一輩又缺乏熱忱學習，造船責任便落在，想爲神明出一份力的邱登木和邱俊佑父子身上。

但製作一艘理想的王船，並不容易。「王船比例要好看，每個物件的長、寬也都要符合搭配吉祥數字。」邱登木早些年從業的經驗，讓他造王船較容易上手。製作藝閣的心法，使其在船身的弧度與線條，特別講究和注重；製作家具的技法，則用於材料間的拼接，船身等分與比例的拿捏。

室。返家的過程，對他來說不算曲折，在地方上要尋得工作機會，沒有想像中困難。大大小小的節慶，特別需要木工師傅。依循每年廟宇規律舉辦慶典的慣性，邱登木找到維持生計的方法：2月做藝閣、9月幫忙普渡建醮、11月做花燈。節慶之餘，透過廟方委託的散單，能應付基本開銷。

廟宇工作既是生計，對邱登木而言，也是成就感的來源。每每提及廟宇工作的經歷，他語氣中總會帶著自信與從容：「做藝閣滿多時候都需要仰賴典故，但典故只是文字，頂多告訴你這個人物拿什麼寶劍、什麼寶物，還是什麼花、什麼草；典故只能考據而已，要如何表現漂亮的姿勢和體態，就要靠我們自己。」

產值不如以往，家具的市場隨之萎縮。產業環境改變，讓邱登木決定嘗試轉換跑道，改做廟宇木工。是出於興趣，也是分散風險，邱登木投身藝閣製作的領域，開始跟著捏紙師傅學習組裝和搭建藝閣的技術，並時常待在台北，幫忙關渡宮製作藝閣與花燈。

即便在外頭輾轉多年，邱登木仍無法適應城市中複雜人際網絡，和與人交陪的工作環境。民國80年代，他選擇回到家鄉開設木工工作

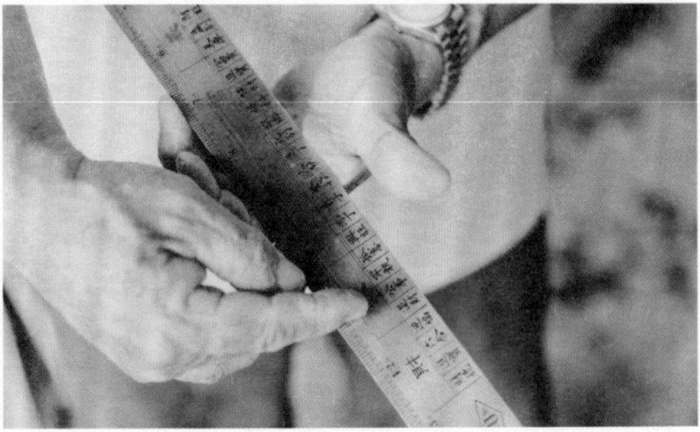

製作廟宇木工，不只講究外觀上比例是否好看，每個物件的長、寬也都要符合搭配魯班尺上的吉祥數字。

邱登木擅長製作各式廟宇木工，不只負責庄內王船製作，也接受來自鄰近各地的宮廟需求。

雄，學習木工技法。回想起當學徒時的記憶，訂製西式家具的市場興起，讓邱登木印象深刻。當時，恰逢美國援助台灣，駐紮在台的大量美軍，帶來使用西式家具的習慣和需求；同時間，高雄旗山蕉外銷熱絡，有本錢的旗山人，嫁女兒時，往往會訂製昂貴的西式家具作嫁妝，彰顯派頭。

不過，民國60年代後期美軍因國際情勢退出台灣，旗山蕉則因國外大型農場的競爭和香蕉病的緣故，沿途能看到許多居民利用自家空間，搭起約莫轎車車庫大小的蚵寮，裡頭放滿琳琅滿目的產業器具。在蚵寮眾多的庄頭內，卻有一戶人家，少見地在自家門口擺放裁切木料的工作台。仔細往深處望去，可見大大小小的木料、各有用處的木工器材，和一位老先生在工作台旁忙進忙出的身影。老先生名爲邱登木，民國48年出生，以木工爲業，經手過許多地方上的廟宇工作，也是庄內負責製作王船的師傅。究其深厚的技藝基底，是離開家鄉，旅居外地磨練出來的。

南下高雄學功夫，從西式家具做到廟宇木工

邱登木在北門國中畢業後，一方面出於經濟的考量，一方面因身旁同儕多往技職體系發展，加上本身對木作類的工作有興趣，便選擇南下高

造船的人

4

PEOPLE

邱登木
返鄉為神明造王船的木工師

濱海的蘆竹溝，和許多台灣西南沿岸的市鎮相似，有著因海而生的王船信仰，而庄內主祀飛天大將的西天宮，廟門旁停放著一艘木製王船，格外引人注目。這艘王船沒有隨著祭典火化，反而留了下來，背後緣由得從打造該船的匠師生命經歷說起。

從市道174入庄，

撰文●許哲菀・攝影●安比

渥濡不變的起點與答案。在還是少女的時候是，在成爲女主人後也是。

漫步於蘆竹溝，放眼望去，相似的花布斗笠、袖套與雨鞋如同制服般，乍看之下，每個蚵農是如此相似。但褪下重重外衣，每個人都有獨家故事值得細細咀嚼。正如阮渥濡的一生——那段漂洋來台成人、成家，以及成爲蘆竹溝人的故事。

阮渥濡

越南金甌人，20 年前因婚移居蘆竹溝。每日行蹤是潟湖、蚵寮、家庭的三點一線，家人是她邁開腳步的原因，現在的目標是讓四個孩子平安長大。有時仍會想越南的家，歸功於網路，現在天天能聯絡，阿濡很開心。

黑豆黑糖水是來自越南的好滋味，工作時邊喝邊做，補充流失的水分與氣力。

環境，舌頭也就迷路了。但無妨，越南料理成爲另一條帶舌頭回家的路。一些簡單的河粉、春捲與法國麵包，成爲餐桌上不定時出現的私房料理。談到料理，阮渥濡說自己不會主動，也不太會煮，但小孩一句話，她就使命必達。

「我都跟我老公說小孩都長大我就要休息了，但他不相信我！」言談間，阮渥濡與家人的親密始終溢於言表。一路走來，手裡做的是工作，心裡惦念的是責任，家人是阮

這裡有自己的家了——是蘆竹溝媽媽，也是越南母親

「阿濡喔，不在餒，應該去海裡。」「唉她沒有在休息的啦，一年365天都在工作。」談起阮渥濡，蘆竹溝人人稱其「骨力」。中秋前夕，正是蚵仔最熱銷的時候，盤商急迫地叫了兩百斤的蚵仔，只見阮渥濡獨自駛著膠筏前去、返來，從採收、搬運上岸，到清洗秤重，一連串流程行雲流水，她獨力完成。隨著孩子們的長成與離鄉求學，如今阮渥濡的工作變得單純——「我眼睛一張開就要看到錢！」她說。看似玩笑，實則承載著對家庭的責任。

阮渥濡作爲一名蘆竹溝媽媽，同時也是一名越南母親。「我老公都叫我教他們，他自己也很好奇。四個小孩小時候都很會講，還很會唱越南歌！」她的語氣同時帶著驕傲與無奈。無奈來自於小孩出外讀書後缺乏

擔心，辛酸只能吞肚裡。

「但哭一哭就好了，想開了，眼淚擦完就去工作了。」阮渥濡邊說邊敲著蚵仔，把多餘的蚵殼拋下港口，一切宛若過眼雲煙。「因爲我的家人對我好啊！」簡單的一句話，道盡了來台後的種種酸甜苦辣；當自己初來乍到，尚在熟悉這個要度過後半輩子的地方，家人們的耐心與體諒成爲她不願離去的理由。更何況，「是我自己要來的，沒有人逼我。」阮渥濡想得明白。

在多重壓力夾擊下，工作反而成爲阮渥濡的放鬆時刻。來自金甌的她，從小就在水邊長大，熟識水性，這使得阮渥濡並不怕海。憑著在家鄉做魚塭、駛竹筏的經驗，阮渥濡不出幾年便成爲蘆竹溝人口中的「老師傅」。

肢體，隨著蘆竹溝家人們的腳步一步步走入海中，學習如蚵農般走在潟湖的泥濘上。一年多後，孩子出世，在蚵寮邊嘴裡哄著孩子，手裡綁著蚵殼，學習做一位母親。

沒想到，孩子還未長成，婆婆卻生病了。至此，阮渥濡成爲一顆停不下來的陀螺，每天在海裡、蚵寮、小孩、婆婆之間不停打轉。從小不曾做過如此粗重的工，阮渥濡卻不願讓越南的家人

從越南來到蘆竹溝，阮渥濡手綁蚵殼，並學習做一位母親。

決定前往胡志明市試一試。

來到胡志明市，阮渥濡很快便透過婚仲與來自台灣的丈夫結識。那年阮渥濡19歲，一個人揣著不安的心，搭飛機來到台灣，來到蘆竹溝。從相識到來台，中間僅隔了一個月。

從金甌到台灣，15度的緯度差體現於身體知覺。談到初來台灣，「台灣的冬天好冷！」阮渥濡直喊不習慣。但，環境的適應並不要緊，身分的轉變才是阮渥濡人生中的大魔王。

成人之路——是我自己要來的，沒有人逼我

來到蘆竹溝，阮渥濡不再是家中么女，而是丈夫的妻子，孩子的母親。嫁與蚵農，養蚵便成爲必修課。在不識台語的狀態下，阮渥濡透過

突然，沉默寡言的他吐出這句話。

阮渥濡就是這麼「骨力」，在庄裡找她可不是件容易的事，因爲她不是在海裡，就是在去海裡的路上。但你不知道的是，在如此勤勞的背後，藏了一段漂洋過海的故事……

叛逆的掌上明珠——飄洋過海之前

阮渥濡的故鄉在南越的金甌，那是一個遍地可見水稻田與魚塭的水鄉澤國。隨著民國80年代，台灣開放對越南的投資與觀光，一條條象徵婚姻的紅線也逐漸串起台越兩地。「我當時沒有跟爸爸媽媽說要去相親，直到來台灣前才跟他們說，他們知道後一直罵！」阮渥濡不好意思地說。當時爲了家庭經濟，作爲族中么妹，兄姊們皆已成婚，阮渥濡暗自

漂洋成家的人

3

PEOPLE

阮渥濡
是蘆竹溝媽媽，也是越南母親

「雨下好大，你可不可以幫我叫我媽媽回家？」猶記初見阮渥濡的那天，是一個陰雨綿綿的上午，她立於水深及胸的潟湖中，水面上僅剩搖晃的斗笠。隨著雨勢漸增，人們紛紛躲去，阮渥濡卻面不改色地繼續搶救快被淹死的蚵仔。當時正和阮渥濡的小孩在堤防上遠眺，

撰文●吳芮甄・攝影●安比、吳芮甄

心錯過公車，要不就是擔心家人剖蚵太忙忘記接送。假日時則必須協助家裡蚵作，或是打工分擔開銷，讓她一度只想著離開。

直到外出兜了一圈回到家鄉，從員工變老闆。雖然意味著收入變得不固定、需要承擔更大的責任，但如願以償的是多了更多自由時間，以及得以將創意展現在餐盤上的自我實現。未來她也將繼續把鹽分地帶的風土入菜，帶領旅人透過舌尖認識蘆竹溝。

邱玉梅

蘆竹溝返鄉創業者，現於市道 174 號上經營「AMIS 海邊坐坐覓食」早餐店。相信就算是平凡的食材，只要新鮮且經過適當的調理，也能讓人嘗到不凡且難忘的美味。

Rose

由於曾有西餐廳工作經驗，邱玉梅的備餐台整理得相當俐落，也為家鄉開發了「酥炸 SABA 虱目魚」等獨特餐點。

定，不僅是身分與心態上的轉變，也是邱玉梅重新認識家鄉的開始。邱玉梅坦言：「以前會想從蘆竹溝跑出去，高中到新營讀書的時候會意識到自己跟來自其他地方的朋友不一樣。但後來到大城市闖盪過，覺得這裡很愜意、很放鬆，遠離都市的吵鬧和紛爭。」

回憶高中時期，當時台61濱海快速道路正在興建，蘆竹溝對外交通不便，每天只有兩班公車。學校放學或和朋友相約出門，常常要不擔

將在地風土物產創意入菜，重新認識家鄉

開業迄今兩年的 AMIS 海邊坐坐覓食生意漸趨穩定，邱玉梅已經不再需要兼職維生。近期開始嘗試運用更多地方風土食材，配合產季，研發「酥炸潮間帶蚵仔佐祕製醬鑲鹹菜」、「香蔥油板煎嫩雞佐紅蔥酥醬」等新品，持續揮灑對於料理和藝術的創作熱情。

回到蘆竹溝開一間早餐店的決

服務林俊傑、瑤瑤等知名藝人的經驗。

然而看似光鮮亮麗的工作內容，卻是背後付出極大代價堆砌而來。忙中出錯被主廚摔盤飆罵是家常便飯，有時用餐客源不斷，甚至需要連續站立12小時不中斷。邱玉梅就曾目睹年僅三十幾歲的同事卻需要整天穿著壓力褲，減緩久站、高工時所帶來的職業傷害。

她感慨地說：「餐飲業的生態是只要開始上班就是一整天，早上10點上班，晚上10點下班，回家就睡覺。業界眞實的樣貌跟自己想像不一樣，有些將志向放在主廚的同事可以接受那樣的環境，但自己的志向還是想要有自己的時間和發揮的空間。」

從外婆與阿公的外燴小助手，到任職高級西餐廳

問及邱玉梅返鄉開一間早餐店的決定從何而來？邱玉梅分享小時候其實先是對於藝術、作畫感興趣，卻因爲西南沿海多廟宇、多祭典的信仰文化，流水席辦桌成爲生活例行公事，加上外婆和阿公時常擔任外燴團隊的「水腳」，一上國中她便開始加入助手行列。耳濡目染下，逐漸培養出對於料理的興趣和味覺的敏感度，並在高中、大學選擇就讀餐飲相關科系。

畢業後在前輩引薦下，邱玉梅北上求職，先後至萬豪酒店、誠品行旅以及 CÉ LA VI 台北三間知名高級西餐廳任職。從自助吧的沙拉備料學起，接著烹飪湯品、配餐，最後才有機會上到熱廚掌管煎台，處理牛排、龍蝦等昂貴食材。也因爲開放式廚房的用餐環境，讓她有就近

填飽肚子的去處。於是邱玉梅重新整理親戚已歇業剃頭店的五坪空間作爲廚房，用家裡閒置的電腦桌與爺爺膠筏拆下來的儲物櫃收納，再用雙手畫下 AMIS 海邊坐坐覓食的招牌 logo，以最低成本構築不廉價的夢。

然而考驗還沒結束，長久以來居民早餐吃饅頭、肉包的習慣，在短時間內無法快速轉變成店內主要販售的吐司、漢堡；邱玉梅自行開發的「酥炸 SABA 虱目魚」系列餐點，也由於在地不習慣吃炸虱目魚而乏人問津。創業初期，邱玉梅只好去學甲、佳里的路易莎、佐丹諾兼職維持生計。直到開店半年後，疫情漸趨穩定，第一次有外地客到訪，食好鬥相報，才讓 AMIS 海邊坐坐覓食成爲車友圈口中的早餐聖地，讓酥炸虱目魚的好滋味從默默無名一躍而成店內招牌。

民國110年邱玉梅返鄉創業，當時正值台灣新冠肺炎疫情爆發，社會活動暫停，無數家庭生計受到影響，連帶打亂許多人的生涯規劃。從北部離職、離開原有生活圈返鄉的她，原先預計在鄰近蘆竹溝、人口較多的學甲或佳里開定食餐廳，卻因疫情導致大眾減少外食，遭到家人強烈反對。

正當家庭與理想僵持不下之時，家人觀察到原先蘆竹溝傳統早餐店經營者齡屆退休，因而建議邱玉梅可以考慮經營早餐店，讓庄內村民早上有個

每到週末，許多單車客會造訪位於市道旁的 AMIS 海邊坐坐覓食。

職務的是返鄉青年邱玉梅，她以自己出外打拚多年的歷練，結合在地漁獲，用創意和手藝滿足每一位到訪蘆竹溝旅人的胃。

店內最受外地客喜愛的產品是運用北門特產虱目魚加工而成的「酥炸SABA虱目魚」，用挑選過的新鮮虱目魚，裹粉後炸得金黃酥脆，可以放進漢堡、吐司做爲主食，或是當成配餐小點。酥脆的外皮，內餡魚肉絲狀、扎實的口感，類似於雞肉，但又多了一分海洋的鮮味和鹹味。

回顧創業以來的經歷，邱玉梅說心情就像坐雲霄飛車：「剛創業的時候完全都沒有人來，虱目魚在開店前半年只賣出一份，那份還是男朋友吃的。」

從北部返鄉創業，卻剛好遇上疫情

FASHION
JEANS

回來的人

2

PEOPLE

邱玉梅
開一家海邊的創意早餐店

台17線北門段，鄰近市道174號的起點，有一間主打輕食的早餐店，每到假日，許多自行車族和重機騎士會將此處設定爲旅途中繼點、用餐小憩。這裡是「AMIS海邊坐坐覓食」，在台南區車友口中的另外一個名字是——早餐聖地。忙進忙出，一手包辦店內所有

撰文●張銘洋・攝影●安比

物，海上的工作往往只有海與自己。他形容在海上開著膠筏時，就好像騎著摩托車到處亂晃一樣自由，邊開還能邊想事情，很多時候煩惱就在做海事的同時一併被消除了。他說：「雖然跟家人相處的時間也很快樂，但在海上卻不一樣。那是屬於一個人的時間。」對邱宸宏來說海就像是他第二個家，乘載著他的事業、情感與回憶。

邱宸宏

蘆竹溝人，民國 110 年的國慶日因病離開工廠，現於家鄉從事海上工作。熱愛大海與家庭的他，總會帶著新鮮剛捕撈的海產回家，給愛吃海鮮的家人們享用。

邱宸宏形容在海上的時光如同騎機車兜風那樣自由，總能一掃煩憂。

但這兩三年比較少。」隨著深入提問漁獲量減少的問題，邱宸宏也提到，最近這幾年蘆竹溝的漁業資源受到雨量影響，甲殼類的動物常常因爲水太鹹而長不大。潟湖需要靠著雨水、河流所帶來的淡水來調節鹹度，不然太鹹的話魚沒辦法活。「但也不要下太多啦，下太多蚵仔會死。」這樣矛盾的心情讓邱宸宏也只能無奈地笑笑，似乎暗示著靠海生活的人與海水之間曖昧的關係。

辭去上班族工作的他，只要在大海上做著屬於自己的工作，不必面對其他人、事和時就是收蚵仔的季節，還有黑鯛、烏魚、變身苦之類的魚可以放網抓。在地豐富的魚類讓蘆竹溝漁人得以以此爲生，但這幾年的漁獲似乎有些狀況。

在海上是屬於一個人的時間

相比之前當普通上班族時，當時海事的收入更像是多賺的外快。回憶起過去七、八年至今漁獲量的衰減，又辭去了工廠內的工作，對於邱宸宏的收入的確產生影響。但他也不太擔心，畢竟做海上工作總是有淡旺季之分，最主要的開銷也都圍繞在孩子們的生活上；沒有額外的花費，收入多寡便沒有那麼嚴重了。

「眞的差很多啦，我小孩剛出生那幾年，花腳蟹、沙公都蠻多的，剛好開船經過才救起來。

從小的耳濡目染和親身體驗讓他對海上工作特別鍾愛，雖然是份體力活，但卻相當自由，每天的安排由潮水決定。大潮水時，水退得多漲得也多，可以去到潮濕的沙灘上耙蛤蜊，或下網捕魚；小潮水時，退得少漲得也少，是最舒服的時候，不論是養蚵或下網都很方便。

捕到厲害的海鮮時，也很讓人開心。原本以爲是因爲能夠賣很多錢，但邱宸宏說：「不是賣錢不賣錢的問題，是看到那隻（沙公）就是眞他媽的大，就感覺很舒服啊。」隨後他也補充，雖然隨著年紀大了，收入、生活的壓力都會進入到工作之中，但是興趣本身不會改變，那種爽感是一輩子都不會變的，這是屬於漁人的驕傲。

「那蘆竹溝平常都捕些什麼魚？」邱宸宏說，春天有三牙、沙腸仔、龍蝦可以抓，熱天時有蛤蜊可以耙，基本上任何工作都可以做。冷天

對邱宸宏來說，出海捕魚不是賣不賣錢的問題，而是看著捕獲回來的海鮮，他就能有好心情。

辭掉了工廠內的工作，秉持著累也要做喜歡的事，他全心擁抱了自己熱愛的海洋。

漁人的工作與海的豐富

邱宸宏從國小便幫忙家裡做海事，一起跟阿公去耙蛤蜊、搭船到海上幫忙撿蚵仔，除了家裡工作之外，他也時常去港口邊玩耍釣魚，有次甚至掉到海裡被船隻夾住手臂，差點溺水，好在阿伯有事情都要自己想辦法，萬一耽誤了時間整批貨就會報銷不能用。邱宸宏的精神在人情和工作的雙重壓力下，不斷地累積負擔，就這樣持續了數年。

然而再怎麼健壯的身軀，在不斷操勞身心的環境下，也會逐漸衰頹。兩年多前的國慶日，不堪負荷的身體終於以強制的方式逼他休息，突如其來的胃出血讓邱宸宏住進醫院整整五天。這場大病，讓邱宸宏

比起在工廠上班擔任技師，海上工作再疲累，邱宸宏仍甘之如飴。

一場病的改變

「早上4、5點起床出海下網，差不多8點之後就要去工廠上班，一路上班到晚上。」邱宸宏的生活就這樣持續了十幾年，一邊做著海上工作，一邊在白花油工廠內擔任修理技師，這是他的日常。問到他爲何要堅持做著兩份工作時，他指向在一旁嬉戲的女兒們，嚴肅的外表不禁流露出喜悅。當時女兒剛出生還買了車，爲了養小孩、過生活，再辛苦也要忍住。

「海上工作那麼累，我甘願，但我不要上班那種累。」邱宸宏作爲工廠內唯一一位修理技師，需要負責場內所有的機台，每每遇到工廠小團體背後的牢騷，總讓作爲中立者的他感到兩難。除了人際關係之外，全工廠內的機器若是壞了都得靠他修理，如何找零件、補零件，所

擁抱海的人

1

PEOPLE

邱宸宏
辭去技師工作專心與海交陪

在蘆竹溝的庄頭內散步時，有間蚵寮內養的八哥總喊著台語：「甲你拚！甲你拚！」這是邱宸宏家的蚵寮，他是一位土生土長的蘆竹溝人，一位曾有外地工作經驗，但從未離開家鄉的漁民。但他爲何最後選擇離開原公司崗位，專心從事海上工作呢？

撰文●王璽・攝影●安比、吳芮甄

PEOPLE

蘆竹溝的人們來來去去，記憶也層層堆疊，
總有一束信念繫著仍在尋找歸屬的人。
出走、回家、遷移、長守，
曾駐足於此的人們，為何留下？

7

此曾仍在的 人們

PEOPLE

撰文●曾詠榆・攝影●安比

鄰近北門潟湖，以牡蠣養殖為業的蘆竹溝，在村內留有許多有關蚵仔的痕跡。大至公家漁港，小至自家蚵寮，閒置地方或空間，可見成堆的灰白色蚵殼，以不同狀態存在和等待。黑色塑膠籠盛滿的蚵殼，等著被打洞、綁繩；綠色尼龍線串起的蚵殼，等著下次入水；散置在漁港空地的蚵殼，則等著成為可回收再利用的養分。

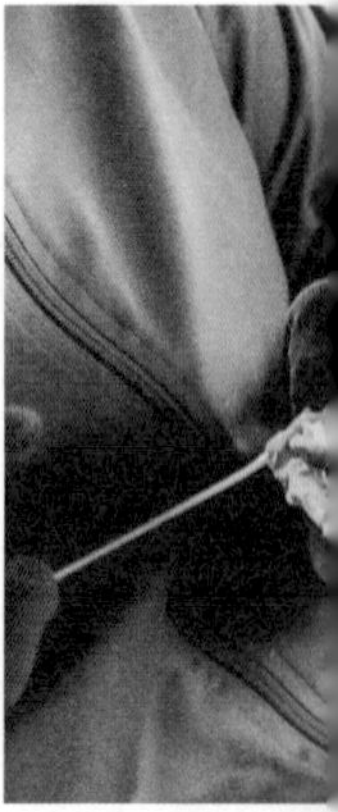

TRACE

6 痕跡

TRACE

成堆蚵殼的存在與等待

撰文●許哲競．攝影●安比

Found it!

4

會移動的沙洲，與沉在淺水中的遺址

蘆竹溝村落共有三次的遷移史，最初來此的住民就在沙洲上搭寮就近捕魚，甚至日治時期也有在沙洲上設置軍事設施，日治時期明治37年（西元1904年）測量的地圖《日治初期臺灣三角測量點及水準點配置圖》也可以發現日本人曾到沙洲上勘查的證明。後來海平面逐漸升高，因而向內遷移，如今潟湖南側仍可見一處紅磚屋半身遺址；最後，又再一次往內遷移，才形成如今的聚落樣貌。

Found it!

3

站在沙洲上向遠處眺望

再轉換另一個視角，站在沙洲上，望眼所及皆是大海，可人與海的互動卻不那麼千篇一律。例如居民幼時常會在退潮時，拿著電土燈（也叫硫黃燈）去海面上找魚，此時海水差不多50、60公分高，用燈往海面一照，再用竹簍往魚身上蓋。在水深較淺之處，如此就能捉到魚。

如若是在海上捕魚，或是常常來蘆竹溝海釣的釣客，就會透過海水的濁度來觀察漁獲量的多寡，有些鑽研許久的釣客分享：約為四米濁度，就有機會釣到魚，若是一米水深就很濁，當天漁獲量一定很大。漁民則分享，海水的濁度對於捕撈的影響，是在於水若是太清，魚群也會看見網具，如此便不好捕捉了。

Found it!

2 守護村落的沙洲保衛戰

如果轉換視角俯瞰沙洲，會發現兩側大有不同，靠內海側更多植被，靠外海側沙洲則大多裸露，或是可以看到防治海潮侵蝕的設施，打下一排排的竹椿，加以沙腸袋（也稱地工沙腸、太空包），用其來做類似消波塊的功能，是學習自荷蘭的防治方式。當颱風或大雨來襲，脆弱的沙洲便有可能被「沖破」，就算是風平浪靜的時候，日復一日的海浪拍打，對於沙洲的維持都是很大的威脅，如若失去沙洲此屏障，潟湖內佈滿的蚵仔養殖將首當其衝。於是，沙洲的防護一直都是很重要的課題。

LOOK!

護沙的兩難

現行的護沙工程多使用沙腸袋，不過，海浪長時間侵蝕下將致使沙腸袋殘破。有說法認為，沙腸袋材料非比一般塑膠袋會對生態造成影響，相對水泥而言，已是對生態更友善的方式；但也有說法認為，殘破的沙腸袋會變相成為海廢來源。因此，使用什麼樣的沙洲防護工法一直備受討論。

一排排防治海潮侵蝕的竹椿，拍攝於靠近王爺港的新北港汕。

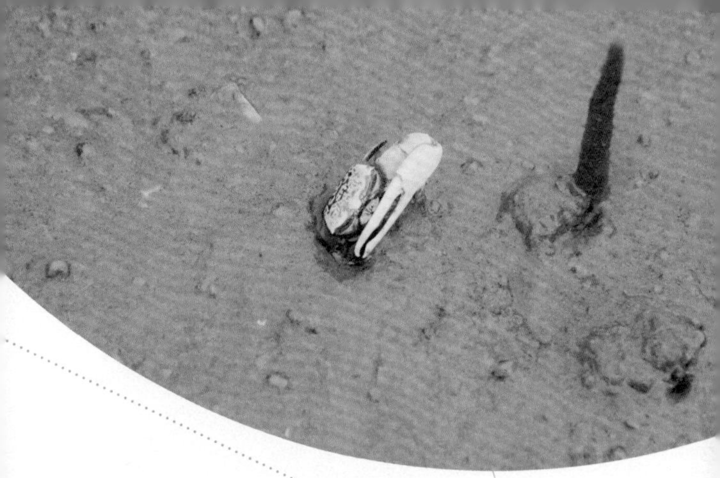

Found it!

1 沙裡藏著貝類與螃蟹

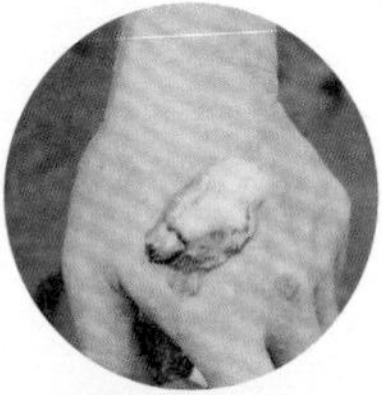

走上沙洲，有許多蘆竹溝人的共同記憶，像是小時候會抓的白色招潮蟹、大粉搖仔（野生蛤蜊）、孔雀蛤，也有漁民會到沙洲上拾貝類或野生的蚵仔回去販賣、食用。如何辨別蛤仔藏身之處，經驗老道的漁民彷彿有火眼金睛，一擊即中，若沒三、五年經驗，只好先從地毯式搜索開始了。

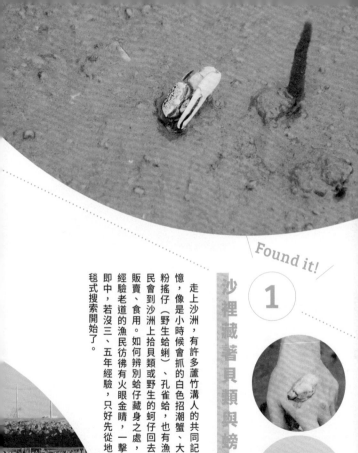

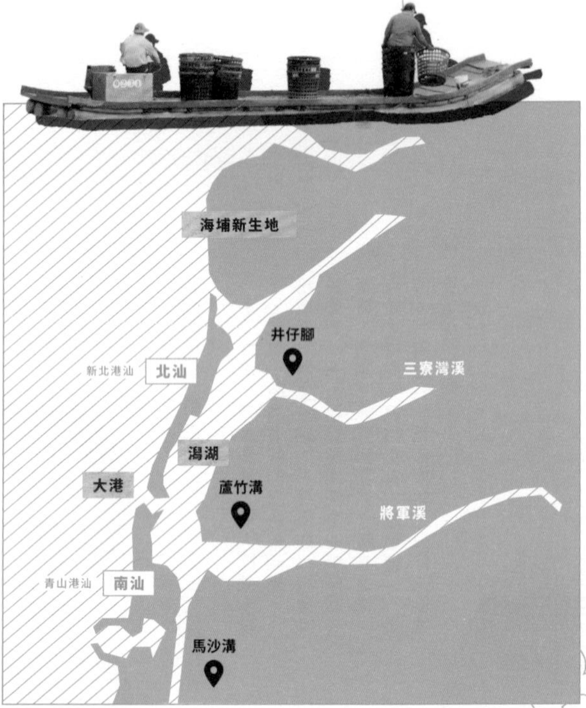
海埔新生地
井仔腳
三寮灣溪
新北港汕
北汕
潟湖
大港
蘆竹溝
將軍溪
青山港汕
南汕
馬沙溝

3

BODY

到外沙洲上看看

臨海卻也不臨海的村落

北門潟湖，為倒風內海的遺跡。北門區舊稱「北門嶼」，有一說便是因為過去曾經是倒風內海外的一座島嶼，經過長年淤積，約莫在清代中晚期大致已與內陸相連。潟湖由兩片沙洲圍成，分別是北邊的「新北港汕」，與永隆里西邊之海埔新生地相連；南邊「青山港汕」則與將軍的馬沙溝漁港相連，兩者中間的開口稱為「大港」。如何去沙洲呢？可以分成水路、陸路兩種。水路就是像平常漁民駕駛膠筏出海作業，但原則上不是漁民一般不能出海，要向海巡署事先申請；陸路的話就是繞往北門市區，從上方沿著沙洲往下走，只是一趟路程並不近。

撰文●林柏旭．攝影●安比

LOOK!

鄰近景點一起逛

蘆竹溝所在的北門區其實有不少知名景點，由北門遊客中心作為起點一路向南，附近有水晶教堂與井仔腳瓦盤鹽田，都非常值得停留一覽美景。而在經過蘆竹溝後再往南一點的馬沙溝，更有每年熱鬧舉辦「將軍吼」音樂節的馬沙溝濱海遊憩區，不騎單車時也能攜家帶眷來買海鮮、吃海鮮。

Route 3

蘆竹溝×海岸堤防＝追日落

難度 ▸ ★☆☆☆☆
景致 ▸ ★★★★★
總距離 ▸ 0.8km／來回

蘆竹溝堤防

騎上蘆竹溝的堤防，能夠看到一根根插在海中的蚵棚，退潮時串在上面的蚵仔便會現身。早上騎行時，偶爾也能看見蚵農泡在海水裡整理蚵仔，仔細觀察，會發現他們做的工作也將隨不同季節變化。夕陽大概是這條路線最大的賣點了，在離海最近的地方緩慢騎行，迎向吹來帶點黏膩、鹹味的風；往大海的方向一看，太陽就懸在那裡，透過雲層和海洋呈現出不同色彩。蘆竹溝的夕陽每天都不同，隨季節也有所差異，值得細細觀察和享受。

BODY

難度 ▸ ★★★☆☆
景致 ▸ ★★★★☆
總距離 ▸ 7.8km／來回

Route 2

蘆竹溝×馬沙溝＝看大景

市道173甲

騎上一段緩坡來到市道173甲，這裡與高架的台61線同高，俯瞰這片廣大的平原，一路延伸到不遠處的海洋。魚塭、農田和房屋就好像迷你模型一樣，一一安置在平原的不同角落。繼續往前騎行會跨過將軍溪，透過腳踏車較慢的身體感，能夠更好地感受將軍溪的寬廣。這條路線在黃昏時會更加迷人，在夕陽的映照下，平原上的模型被套上了黃、橘、紅的色彩，跨越將軍溪時，可見夕陽懸在遠方出海口，這樣的景緻是騎這段路最令人深刻的體驗。

Route 1

蘆竹溝 × 北門遊客中心 = 輕鬆騎

市道 174 號 & 南 15 線

這條路線推薦給想要輕鬆騎乘的人。沿路上僅有幾段平緩的小上坡，剩下的大多是平坦道路，蜿蜒在溼地和農田之間，不時出現的大小彎道更增加了騎行時的樂趣。夏天騎行時，會有許多水鳥在廢棄的鹽田裡散步並不時地低頭覓食；冬季則會看到乾涸的田地被青綠的蔥填滿，隨著冬日的強風搖擺。這條路線在不同季節時，展現著不同的樣貌。

OYBODY

騎行推薦路線圖

❶北門遊客中心——蘆竹溝
❷蘆竹溝——馬沙溝
❸蘆竹溝漁港——蚵學園區外側堤防

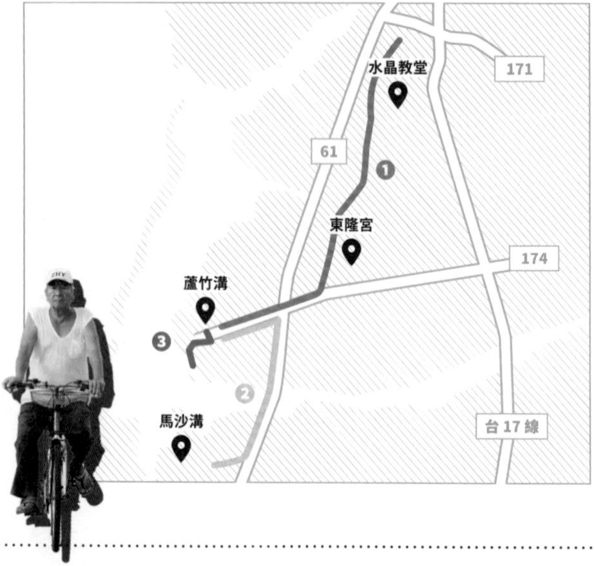

單車客追風祕密指南

三條「蘆竹溝×?」的推薦騎乘路線

2 BODY

從台南出發沿著台17線到嘉義、北門，這條平坦的道路一直是熱門單車路線。而作為鄰近路線的庄頭，蘆竹溝往往只被視為休息站，被單車族忽略，偶爾騎進吃個早餐便揚長而去。但蘆竹溝的魅力其實值得特地來訪喔！

撰文●王璽．攝影●安比

Lesson 4 豐收結業

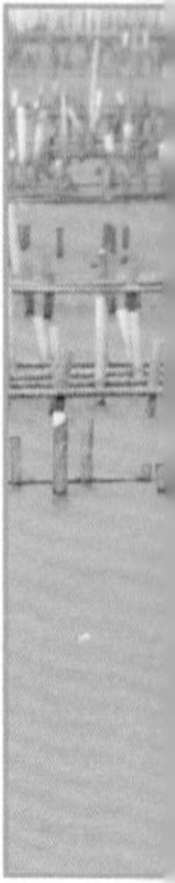

外表看似堅強的蚵仔，內在其實柔弱不堪，這讓蚵農的一天要不就是在蚵寮中剖蚵，要不就是搭乘排仔到潟湖裡「巡田水」。在水上乘船、水下工作日復一日的肢體操練，培養出蚵農對於北門潟湖環境強烈的感知能力，那是長時間與海洋互動所練就的身體感，也是銘刻於肌肉和五感的日常記憶。

Lesson 3

下水前就要預知冷暖、抵抗紫外線

船抵蚵田，跳進水裡之後，才是蚵農真正的戰場，夏天和冬天對蚵農來說則是最難熬的兩季。盛夏酷暑中下水工作是涼爽的事，按常理來說，大多人應該會選擇輕便、好活動的短袖和短褲，不過蚵農實則著用長袖、長褲和附有脖罩的遮陽帽上工，以此減少天上太陽和水面陽光折射帶來的全方位紫外線曝曬。到了冬天，東北季風吹拂蘆竹溝，在海水退潮時進到蚵棚工作，即便身穿防寒潛水衣，浸濕的身體與冷空氣正面對決還是會不自覺地打起寒顫，這時在水中的下半身反而比沒有泡在水中的上半身來得溫暖。

Lesson 2

導航不到的水路，怎麼培養方向感？

新手蚵農要學會的第二件事，大概是記住自己家的海田在哪、是哪塊。潟湖中每座蚵棚外觀皆相去不遠，大部分都用灰色塑膠管及綠色、黑色塑膠繩構成；蚵棚大小若不細看，也不會有太大差異，因為一家子人力一年下來能剖的蚵就這麼多，如果養太多也無力收成。蚵農邱宸宏大哥就曾收完蚵仔上岸，才發現不小心收到親戚家蚵棚的蚵。由於蚵棚位置不同，受不同潮水滋養，大小重量便會產生差異、影響價格，只好摸摸鼻子，把從海裡辛苦扛上岸的蚵仔還給親戚。為了避免收錯蚵棚的事情發生，蚵農首先會從堤防上水門或沙洲上植物群的相對位置辨認方位，再從主幹道彎進蚵棚間的狹窄水道，憑藉日復一日的方向感記住大概位置。

LOOK!

蚵棚也有門牌？

有些蚵農為了幫助自己快速找到蚵田，會刻意將蚵棚裡其中一支水管弄得較高，綁上浮球、捆成球狀的魚網，又或是很隨興的在水管中間插上一根木棍，透過打造專屬的「蚵棚門牌」找到自家蚵田。

Lesson 1

放下鐘錶吧！讓時間感由漲退潮決定

澙湖潮差相距極大。有時退潮可以看見淺灘地完全露出，讓蚵農只要用走的就能到海田裡從事蚵作；有時遇上大潮，水則會漲超過漁港地面，淹進靠漁港一排的蚵寮裡。然而因為氣象局公布的潮汐時間定位地點位於北門漁港，蘆竹溝漁民無法完全依賴科學量測出的公告資訊決定出海時間，因此對蘆竹溝新手蚵農來說，要學會的第一件事就是看潮水衡量下海、上岸的時間，以避免工作到一半水退太多使船無法返航，或是潮漲太高，膠筏不小心開到蚵棚上，使船外機和綁蚵用蚵繩纏繞導致失靈的情況發生。

❶南北汕——青山港汕、新北港汕在地人俗稱南北汕，前者連接將軍馬沙溝，後者則與北門市區接壤，兩者將廣闊無際的大海區隔出內外海。

❷出海口——南北汕之間的缺口是蘆竹溝漁港的出海口。一旦出了這道口，就少了沙汕的庇護，風浪將比內海強烈不少。

❸水路主幹道——共有三條，分別是往北、往南和往外海。潟湖水深不一，行駛主幹不僅障礙少，也避免擱淺的風險。

❹將軍溪——過去常是馬沙溝與蘆竹溝爭奪蚵棚養殖場域的衝突熱區，現今則有許多蘆竹溝人會行駛排仔渡溪至馬沙溝補給船隻用油和銷售漁獲，也因此許多蘆竹溝人與馬沙溝人熟識。

1

BODY

一日巡蚵田路線

四堂課體驗蚵農每天的例行公事

蘆竹溝依傍北門潟湖，大多數居民以淺海蚵仔養殖為業，然而蚵仔並非將其置於海中就能自然生長。蚵仔生長需要空間，每當蚵放到海中一段時間，蚵農便需要替每串蚵殼調整位置，為其拉開間距，加上水中存在蚵螺、黑脊鯛（黑格魚）、螃蟹等蚵仔天敵，所以不時便須下海看顧蚵仔生長狀況；另一方面，由於蚵仔從海中採收上岸後難以保持新鮮度，因此蚵農們大多以「能剖多少蚵，就從蚵田收多少蚵」為工作準則，如果想要維持生計，搭著排仔（膠筏）到潟湖採蚵便是每天的例行公事。

撰文●張銘洋．攝影●安比

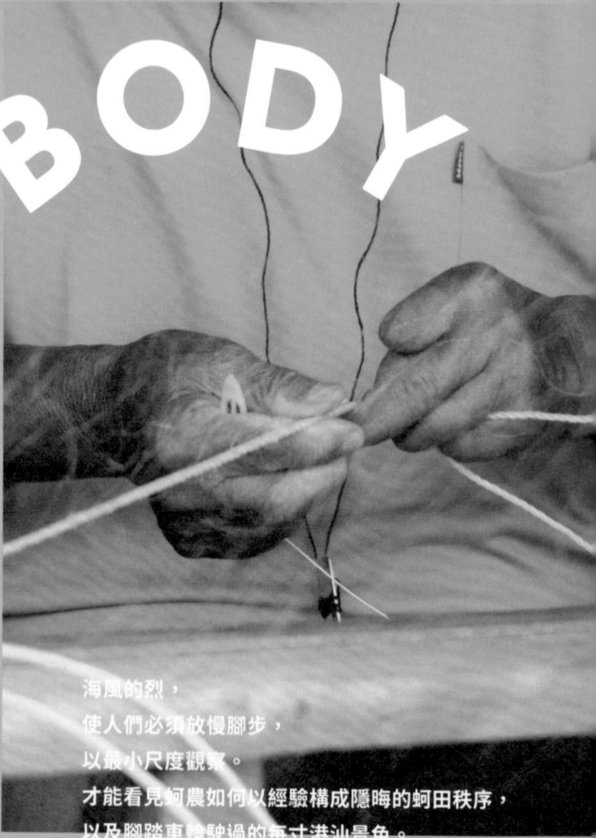

海風的烈，
使人們必須放慢腳步，
以最小尺度觀察。
才能看見蚵農如何以經驗構成隱晦的蚵田秩序，
以及腳踏車輪駛過的每寸港汕景色。

5

用身體認識 BODY

撰文●曾詠榆・攝影●安比

預測遠方大雨何時會進庄

依海之人往往自有一套預測天氣的默會系統，而蘆竹溝居民辨認的依據大抵離內海與沙洲兩項指標不遠。當在內海忙於蚵作的漁民，低頭看到海浪波紋越來越密，代表還在外海的雷雨即將抵達，該趕緊坐上膠筏動身返港。當陸上的人，看到烏雲蓋過區隔內外海的兩頂沙洲，代表雨勢馬上就要進庄，是時候回家收衣服了。

夕陽的姿色也會換季

蘆竹溝四季的夕陽各異其趣。春、秋的夕陽光線和煦，大約會在兩個沙汕間落下，漁港嘴是最佳觀賞位置；夏天是最常看見火燒雲的季節，當夕陽完全沒入海平面，霞光會從海的盡頭四射，就像公園裡還不想回家的孩子；冬天西南沿海東北季風猖狂，夕陽充當大型暖暖包，是讓漁民感到溫暖的存在。黃昏了，走！一起到漁港看夕陽吧！

4

四季與時間

SIGNAL

從自然裡捕捉信號

撰文●張銘洋，攝影●安比、劉怡青

蘆竹溝的光電案場距離聚落相當近，對庄民而言，能源轉型亦影響著自身對家鄉的認同。

對地方上受衝擊的第一線來說，面對能源轉型不僅是能源生產方式的轉變，更是對生活型態和家鄉環境的重新建構：出於憂慮，對於周遭環境需付出更多的心力監測；出於擔心，對於鄰里發展出與以往不同的交情；出於關懷，兩庄人民決定一同爲漁村做更多的事。

民國112年，許多原先參與自救會的成員，推動蘆竹溝農漁產業文化永續發展協會成立。將來預計從生活、生產、生態出發，開展里海教育，讓大家知道蘆竹溝與北門潟湖、人與自然間的密不可分。

職，多數時候並不住居蘆竹溝，導致多年來他與在地居民間總存在一段無法縮短的距離感。

在蘆竹溝光電爭議期間，出自於光電可能汙染瀉湖水質，影響蛤蜊收成的擔憂，陳恕行放下手邊事務，共同投入抗爭行列。這讓其他居民對他改觀，逐漸改善彼此間的關係，現在他則加入即將成立的社區發展協會，希望能替社區發展盡一份心力。

從自救會到農漁產業文化永續發展協會誕生

光電板算是蘆竹溝的在地產業嗎？據自救會會長陳景亮的說法，目前沒有蘆竹溝在地人在該案場的公司上班，但是光電板卻實實在在地牽動蘆竹溝人的生計、居住、環境乃至於認同。

在抗議活動中找回與地方的聯繫

過去在崑山科技大學任教，家族三代在蘆竹溝從事虱目魚與蛤蜊養殖的陳恕行教授，則因著光電抗議行動找回與地方間的聯繫。

陳家所經營的大汕蘆養殖場已歷八十多個年頭，多年來養殖漁業起落不定，使得目前大汕蘆養殖場養殖面積早已不如最初規模。但作爲民國25年（日治昭和11年）便到蘆竹溝開墾的先驅家族之一，現今大汕蘆仍是蘆竹溝數一數二的養殖大戶。

多年前地方大廟西天宮決議重建時，曾詢問能否向其購置廟地，陳恕行爲保全祖產果斷拒絕，而蒙受不爲地方事務出力的誤解。加上陳恕行身兼教

陳景亮表示，雖然光電業者多次拿出研究報告澄清，但在地人的擔憂仍然存在。即便牡蠣的收成只有在施工的民國110至111年較差，後面一年產量隨即好轉，不過在現今光電案場一簽約就是20年的條件下，大家都不確定未來光電板能否在風吹、日曬和沿海高鹽分的環境下與實驗室數據維持相同。

爲了觀測鄰近住宅的大片光電板會否造成微氣候改變，陳景亮在蘆竹溝「五十戶」住宅區前後放上兩個溫度計，監測距離太陽能板遠近對溫度造成的影響。後來他發現反而是距離較遠的地方溫度較高，並說明這可能是鄰海常吹「倒捲風」因而把熱能往後帶的緣故。

其實陳景亮知道在沒有光電板設置前的數據作爲對照組的狀況下，無法拿著溫度變化統計與光電業者爭取任何事情，但是他說：「如果我們現在不做的話，以後遇到同樣的事也一樣拿不出數據。現在開始做，至少可以知道我們身邊正在經歷、發生什麼改變。」

或到水時間較晚，養成在地紅蔥頭產業習慣抽取地下水灌溉。而魚塭養殖上，因爲三寮灣距離北門潟湖較遠，魚塭用水以引用地下水爲主，如此一來既可節省抽送海水的電力；二來水質鹹度低，養殖虱目魚的換肉率較好，有助於漁民賺取更高收益。也因此潟湖水源受到汙染與否，並不構成三寮灣在地產業存續的威脅。

然而在蘆竹溝光電抗爭行動中，仍有部分三寮灣居民參與；有人是單純聲援朋友而來，有人則同爲在北門潟湖從事漁作的一份子，由此亦可見三寮灣與蘆竹溝兩庄因地域連結所造就的緊密交情。

第三代自救會會長的「不科學」實驗

蘆竹溝蚵農陳景亮是蘆竹溝光電自救會經歷多次抗爭至今，被推派出來擔任第三任會長的居民。

中引純海水培育，兩者生長最重要的共同條件莫過於水源品質的穩定。這也是爲什麼當太陽能產業架設在瀉湖旁的魚塭，會引起蘆竹溝居民激烈反彈的原因。

而三寮灣主要產業爲紅蔥頭種植和虱目魚養殖。因北門區位處俗稱的「風頭水尾」，即便水圳用水可及，但常因降雨量不足

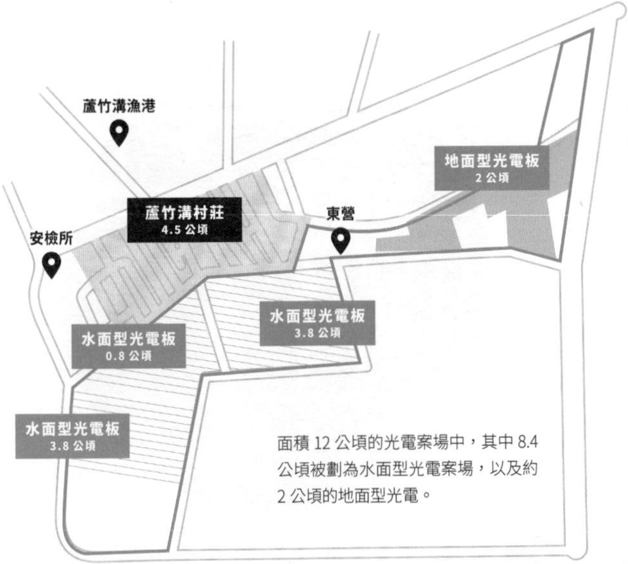

面積 12 公頃的光電案場中，其中 8.4 公頃被劃為水面型光電案場，以及約 2 公頃的地面型光電。

現在三寮灣與蘆竹溝兩庄都設有光電案場，但三寮灣對於光電案場的反彈聲浪並不如蘆竹溝。其中關鍵點或許在於兩地之間產業型態的差異。

蘆竹溝在地理位置上直接臨潟湖，產業型態以淺海牡蠣及魚塭蛤蜊養殖爲主；前者蚵農直接在潟湖淺灘地上架設蚵棚進行養殖，後者漁戶則是於魚塭

三寮灣與蘆竹溝兩庄皆有光電案場，但三寮灣的反彈聲浪較沒有蘆竹溝大。

景在國家推動能源政策下受到大幅改變，對此三寮灣與蘆竹溝居民怎麼想呢？

是種電的良地，卻也考驗著當地產業的存續

在能源轉型政策鼓勵下，光電業者在台灣各地開啟尋地種電的計畫。爲求利益最大化，台灣西南沿海一帶降雨天數少、日照時數長，且大片土地由少數地主掌握因此土地易整合，在這些綜合考量下，成爲光電業者中意的發展區域，當中也包含了一片位於蘆竹溝、靠近北門潟湖，面積約莫12公頃的閒置農漁用地。案場在多數居民並未知情的狀況下開工，魚塭地與在地蚵農養殖牡蠣的潟湖水源相連，出於不清楚光電板是否會影響牡蠣生長的擔憂下，引起在地居民強烈反對。

蘆竹溝光電爭議從民國109年夏天開始，一路延燒至110年。漁村在機械運作的巨大轟鳴和眾志成城的意志中組織動員，經歷說明會的溝通未果、透過民意代表陳情以及自救會至市府抗議，最後在新冠肺炎疫情爆發下，被迫中止集會抗爭行動。

民國111年蘆竹溝光電案場完工。原先一畦又一畦的海水魚塭地，被覆上深藍太陽能板，居民現在稱呼該區域為——光電海。熟悉的地

蘆竹溝庄一鑑事

台灣西部沿海一帶因為降雨天數少、日照時數長，適宜發展光電。然而當大片魚塭覆上太陽能板成為光電海，也引發了當地居民擔憂是否可能影響水質……於是自救會便誕生了。

由光電海上升起的地方意識

國家能源政策與當地發展協會的誕生 LIGHT 3

「太陽能全數退出蘆竹溝！」眾人倒臥在挖土機、打樁機等大型器械進到村莊的必經之路大聲呼喊。民眾與施工單位僵持不下，通報警察到場，有些人被驅趕、有些人被抬離，有些人甚至被以妨礙公務的罪名送辦，其中不乏年紀六、七十歲的長者。這天是民國110年5月13日，衝突發生在現今蘆竹溝光電案場南側，事發突然，又位處偏遠漁村，沒有媒體記錄，只留下手機錄影畫面，至今大多數居民已不願再提起這天。

撰文●張銘洋．攝影●安比、陳泰豪

LOOK!

鰻苗捕撈區域示意圖

參考資料

① 黃瀛生、蔡惠萍、李彥宏、張格銓，2019〈臺灣鰻苗捕撈之漁具漁法介紹〉，《水產試驗所特刊》（基隆）27：頁 19-26。
② 鄭方靖等，2014《魚音樂誌—台江地區數魚歌調查分析與彙集成果報告》。臺南：台江國家公園管理處。
③ 鄭又華、莊昇偉，〈臺灣鰻苗漁業管理概說〉，《臺灣水產》10:3（2015 年 6 月），頁 32-37。

林東邦參與捕撈的時候也發生過。

一般而言，大港的區位是捕撈鰻苗的最佳位置，因爲鰻苗是順著潮流自外向潟湖內，大港便是首當其「沖」。，接著後方便有其他區位，例如玄龍宮所轄，或是接近大港區域的蚵田，蚵農也會自行擺設漁網捕撈鰻苗。簡而言之，越往後、潟湖內部，捕得鰻苗的機率就越低。當時林東邦等人就發現捕撈的鰻苗數量似乎不如預期，後來才發現北門庄人偷偷在大港區位以前設置漁網捕撈。

林東邦說當時曾經有一晚就撈到三萬多尾，假設一尾十元，至少那一晚就賺到了三十萬元，也難怪鰻苗捕撈會令漁民如此趨之若鶩了。

三寮灣東隆宮提供的鰻苗捕撈標書資料中，清楚地標示出網位可架設的位置。

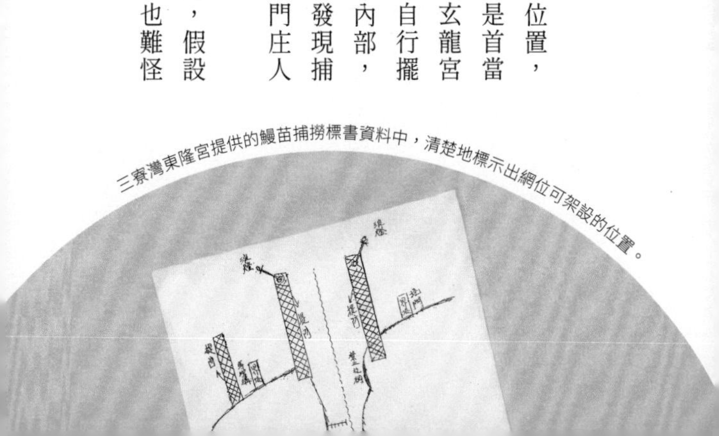

子的形式，源自於過去魚苗珍稀價高，買賣雙方對數量錙銖必較，因此數魚苗者透過唱頌的方式使買家便於監督正確性。不過近來數魚歌幾乎已經失傳，很少人再用此方法。

一晚能賺三十萬，而曾爆發越界捕撈事件

十幾年前，林東邦的大哥與姊夫共同標得兩個沙洲開口之間的「大港」區位，由於此處是鰻苗捕撈的熱區，標金有時候會到兩、三百萬。標得捕撈權的，就會邀集親友共同完成，畢竟捕撈作業不輕鬆。

回想當時，他曾一起參與鰻苗的捕撈，在海上捕撈結束後就來到港口邊的蚵寮數魚苗，數完便等明日大盤商來收。而在村庄流傳許久的北門庄人越界來此捕撈的事件，不僅早期民國60年代前後曾發生，十幾年前

五一～五二來六十七啦七啊五啦

八啊三啦～八三八九九啊十～九啊七……

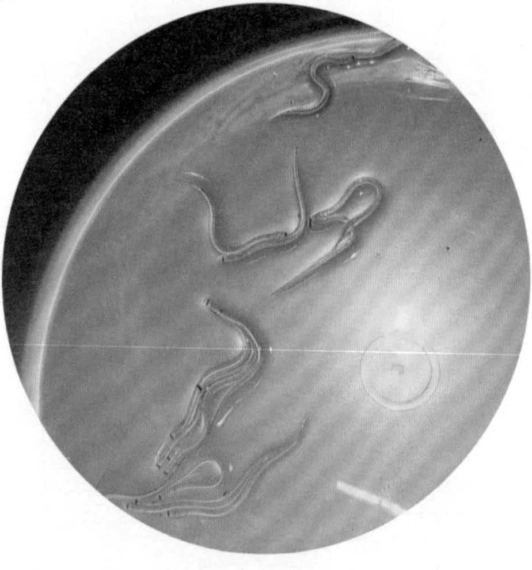

鰻苗細小，要精算數量相當不易，早期便發展出以唸歌的方式計數。圖上方節錄三寮灣耆老黃繼宗數魚歌的部分段落，數量依序是 51、52、67、75、83、89、90、97。

束後，還有一項重要的工作是確認數量，據說，早期漁民會用一個很特別的方式進行——數魚歌。

數魚歌也稱作「算魚仔歌」（sǹg-hî-á-kua）、「數魚仔歌」（siàu-hî-á-kua）或「魚栽調」（hî-tsai-tiāu）。唱法每個人都有所不同，但大致上每到一定數量，通常是一百尾，就會放一隻竹筷作記號，接著再往下一次的一百尾計算。

數魚歌其實不僅限於鰻苗。過去人工育苗盛行前，計算魚苗時許多漁民便會用具節奏感、音調的方式「唱頌」數量。這樣

苗帶進網內。每隔一段時間，漁民便打開網袋收集鰻苗後放置於鰻桶內，再重新張網下去，如此反覆作業。

如果是在潟湖內海捕撈完畢，有時會將鰻苗帶到岸邊蚵寮，也有時直接帶回家存放，數好數量後再交給魚苗商收購；如果是在外海捕撈鰻苗，那麼就會在沙洲上蓋鰻寮，以便作業過程中有個休憩的地方。捕撈結

蘆竹溝附近潟湖內停了一艘「小屋」，裡頭擺放著捕鰻苗所需的器具。

蘆竹溝庄一鑑事

捕鰻苗的工作得在寒冬徹夜進行，但由於過去獲利相當可觀，再辛苦還是有許多庄人投入。

在海裡張網，伴隨數魚歌聲聲唱

捕鰻苗形式可以分爲岸際捕撈和海上捕撈，使用漁具主要爲定置網、抄網兩種，其下又有多類不同形式漁具，最爲人熟知的應該是人力叉手網（俗稱三角網），在岸邊如同舀水一樣，將鰻苗捕入網內。

而在蘆竹溝這邊，比較常見的型態則是定置漁網，也就是將魚網固定在河海口交界處，因應漲退潮方向不同而切換位置，利用潮水將鰻

有人說，鰻苗是上天給漁民的年終獎金

蘆竹溝的「白金」產業

LIGHT 2

蘆竹溝最主要的傳統產業是淺海養殖，步入庄內映入眼簾，最顯眼的就是隨處可見的成堆蚵殼，不過除了養蚵仔之外，平日亦會有漁民駕漁筏出海捕魚。冬日時，也會有鰻苗的捕撈。由於鰻苗的獲利可觀，加上捕撈時節鄰近年關，因此有鰻苗是上天給漁民的「年終獎金」一說。鰻苗雖然獲利頗豐，可過程很辛苦。鰻魚是夜行性生物，因此捕鰻苗時節，漁民們常常作息日夜顛倒，從深夜到清晨頂著刺骨寒風在海中作業。

撰文●林柏旭．攝影●邱哲雄、劉怡青．標書文件提供●三寮灣東隆宮

LOOK!

行動餐車×蚵學園區

撰文●吳芮甄

邱永仁，蘆竹溝人，是一名返鄉青年，民國97年後兩場金融風暴將他從南科吹回蘆竹溝，重返既熟悉又陌生的蚵產業。

照慣例，蘆竹溝蚵仔的銷售由中盤負責，此後的蚵往往更名改姓，披上他地外衣銷售，使蘆竹溝失去訴說自我的權利，連帶影響蚵農收入。「我觀察到家鄉中的長輩工作如此辛苦卻沒有獲得同等報酬，心裡就想回來做些什麼。」不甘於此，邱永仁決定創立行動餐車，藉由夜市擺攤烤蚵、到府ＢＢＱ，成為生產者與消費者間的溝通橋梁。飽餐之餘，邱永仁透過蚵仔知識的科普，向人客介紹蘆竹溝高品質蚵仔的成長祕訣，一步一腳印，使「蘆竹溝×蚵仔」在老饕間漸漸打響名號。

不過，邱永仁的步履不止，如今比鄰魚塭的「蚵學園區」即是他的下一步。藉由駐足空間的創造，他希望人們能親身走入蘆竹溝，透過身體實際認識什麼是「蘆竹溝的蚵」，進而讓蘆竹溝×蚵仔成為大眾心目中的最佳組合。

邱永仁，一個回來的人，用行動餐車起頭，替蘆竹溝的蚵開出一條不一樣的路。

蘆竹溝返鄉青年邱永仁在庄裡築起一間「蚵學園區」，推廣當地蚵仔的科普知識。

北門潟湖因爲潮汐的關係，退潮時會有一段時間牡蠣泡不到海水，這時候牡蠣會曬日光浴，藉由陽光來曬走殼上的生物，而這就是蘆竹溝腥臭味比較少的原因。也因爲有段時間泡不到海水，這裡的牡蠣肉質比較紮實，在地人都稱口感像跑山雞。但也因此養殖週期會拉到一年，與全年浸泡海水的浮棚式養殖相比，整整多了六個月的時間才能收成。

蘆竹溝擁有非常完善的牡蠣產業鏈，由餐桌上的牡蠣展開回溯史，從處理蚵殼的前置作業，到蚵殼下潟湖生長牡蠣、採收等流程，在蘆竹溝漁村都看得到，也可深刻感受每顆出現料理中的牡蠣都得來不容易。

前沒有防治方法的情況下，僅能靠漁民在退潮時抽空到潟湖內巡捕。在隔年8月至12月的收成期之前，蚵農需要不定時下海去處理蚵螺，以避免牡蠣的收成變差。過去這些抓到的蚵螺可不會丟掉，牠們是蚵農心中的美食之一——將蚵螺取出，再用醬油、蒜頭、糖等佐料一起浸泡醃漬，吃白飯時來一匙令人讚不絕口。但到現在因爲考量衛生，醃漬前會先將螺肉煮熟。

蘆竹溝以平掛式養殖法養蚵，退潮時可見成串牡蠣露出水面、曬太陽。

肉即可，所以會運到村內做「鋟蚵」的工作，與此同時，也能從取出的牡蠣肉大小判斷今年收成是否不錯。

誰偷吃了我的蚵仔？

牡蠣也是有天敵的！漁民俗稱「蚵螺」的蚵岩螺，是一種專門吃牡蠣的螺類，附著於蚵架上的蚵岩螺能吐出消化酶把肥美的牡蠣吃掉，且幾乎沒有天敵。退潮時牠會在原地休息而不會回到水裡，在目

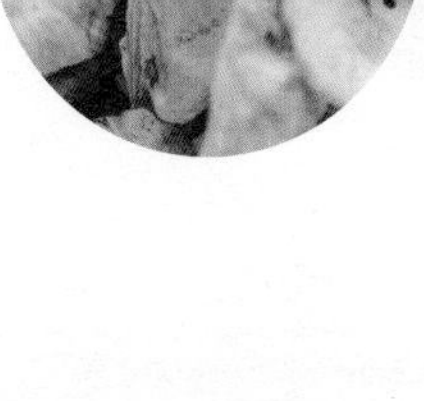

LOOK!

牡蠣養殖的一年

月份	採收期	作業	巡蚵／收蚵／放蚵
1	採收期（鏝蚵）	分蚵苗	
2	採收期（鏝蚵）	分蚵苗	
3	採收期（鏝蚵）	分蚵苗	巡蚵田（確認生長狀態、抓蚵螺）
4			巡蚵田（確認生長狀態、抓蚵螺）
5		前置作業（打洞＆串蚵）	巡蚵田（確認生長狀態、抓蚵螺）
6		前置作業（打洞＆串蚵）	巡蚵田（確認生長狀態、抓蚵螺）
7		前置作業（打洞＆串蚵）	
8			收蚵底（中秋前後收帶殼牡蠣）
9			收蚵底（中秋前後收帶殼牡蠣）
10	採收期（鏝蚵）		
11	採收期（鏝蚵）		放蚵殼（使蚵苗附著蚵殼）
12	採收期（鏝蚵）		放蚵殼（使蚵苗附著蚵殼）

蘆竹溝的牡蠣養殖流程，大約是每年5月至7月會做「斬、打、串」的前置作業；8月至10月則收成去年放養的牡蠣；11月左右將綁好的蚵串放入潟湖讓它附著蚵苗，而蚵苗附著的時間大約是一個月左右。待蚵苗變大後，會將一整捆的蚵串分成單條的蚵串，橫掛在兩根塑膠管之間，靜候蚵苗長大後即可採收！

中秋節前後進入採收期，港邊可見一艘艘膠筏收成滿載。

整籃牡蠣結得一球一球的非常大顆。在收成時，蚵串會收集在塑膠籃中，再利用膠筏運回漁港。回來之後不能直接上運蚵車，還需要用海水沖洗蚵殼上的附著物，在運送過程中才不會因爲附著物死亡產生難聞的氣味。

除了帶殼的牡蠣會有饕客到村莊購買外，也有一部分收成的牡蠣需要取蚵這些村人在忙什麼呢?其實是蚵殼要下到海裡前,須經過「斬、打、串」三個步驟,才能讓蚵苗安全地附著在蚵殼上面;這三個步驟分別是:用刀子將雜亂的蚵殼,切敲成乾淨整齊模樣以利後續作業;再以稱作「刺tshak仔」的打洞器,在蚵殼正中央打一個約BB彈大小的孔洞。最後就是「串」了,將已打洞的蚵殼一一綁上尼龍繩,依照潟湖內兩隻塑膠管的寬度距離,綁上約10到12顆的蚵殼,每10串綁爲一綑。這樣就大致完成了蚵殼下海前的前置作業,可以準備隔年放到北門潟湖去「寄蚵苗」了。

烤肉架上的牡蠣從哪來?

秋天正值牡蠣收成之時,也正好是中秋節大家要烤肉的時候,此時的蘆竹溝漁港會看到一輛輛的運蚵車,等待牡蠣從北門潟湖收成回來,

牡蠣殼下水前的暖身

「咄咄咄、咄咄咄」的斬蚵殼聲，是蘆竹溝漁村日常的白噪音。從台61線快速道路下來往蘆竹溝走，各式各樣的牡蠣作業映入眼簾，從斬蚵殼的迎賓聲開始，進到漁村內可以看到家家戶戶或坐或站，面對一堆一堆的蚵殼在忙碌。

蚵殼入海前工序

1. 斬蚵殼

2. 牡蠣殼中央打洞

3. 綁蚵串

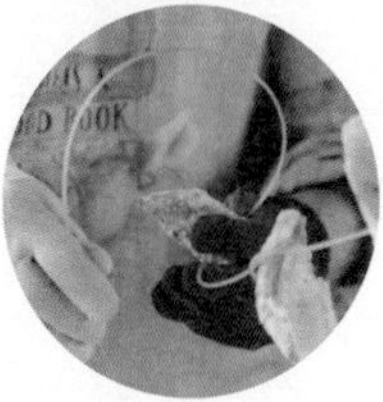

蘆竹溝庄一鑑事

進入庄裡，很難不被一落又一落排放整齊的成串蚵殼吸引目光，靜謐午後，還可聽見蚵寮內傳出清脆的「咄咄咄」聲響。

「浮棚式養殖」，「平掛式養殖」是一種在潟湖內將竹子或塑膠管打定在沙洲上的養殖方式，並在潮差的變化過程中，會看見牡蠣曬太陽的景色，這個養殖方法與浮棚式養殖相比減少了保麗龍的使用，在北門潟湖也就看不到發泡塑膠污染的情況，是對環境相對友善的方法。

另外，近年來蘆竹溝的牡蠣爲了與市場做出區別，也養出如手掌大的生蠔級牡蠣讓高級餐廳收購，以提升蘆竹溝在地牡蠣的產業價值。

滿村閃耀的蚵殼與「咄咄咄」迎賓聲

蘆竹溝環境友善的蚵產業

LIGHT 1

蘆竹溝是一個有百多戶，約三、四百位村民的漁村，從過去至今都是以養殖牡蠣（蚵仔）、魚塭、耙蛤、外海捕魚生活，可以說這裡的人都是海洋之子。整個蘆竹溝最主要的收入來源是牡蠣養殖，蚵農說過往一整年全村的產值有將近億元。

蘆竹溝從過去至今的養殖方式從未改變，蚵農駕駛膠筏，將牡蠣串一條一條橫綁在塑膠管上，以「平掛式養殖」法於潟湖內進行海上作業；有別於台南市南區至安南區的

撰文●陳泰豪．攝影●安比

LIGHT

想了解蘆竹湳的活力，就爬上堤防一探究竟！
看漁火照亮船隻的航線，
日頭曬透蚵棚留下的純粹滋味。
看當光電海覆蓋魚群的鱗光，
居民心底對家鄉映射出了何種新想像？

3

從哪裡閃耀出光？

LIGHT

撰文●曾詠榆 攝影●安比

水波與光電海 一同閃耀

陽光灑下，閃亮的水波轉變成一脈刺眼的光。相較於公路的綠意、海洋的寬闊，光電板在蘆竹溝內成為了另一種風景。它工整地被鋪在漁塭上，而後便看不見水，更看不見魚。這或許稍微翻轉了大眾對於漁村的傳統想像，但也代表著蘆竹溝正在面臨新的挑戰——自然和人為如何拉扯？又該如何取捨？「光電海」的面貌之下隱藏了這些探問。

將海也納入

無邊際的生活領地

身為一個靠海的村落，海的風景絕不同於公路，海所代表的也不只是風景，更是一個專屬於居民的祕密入口。整齊排列的蚵架、偶爾有陽光輕灑、港邊忙碌喧鬧著的人們，都在訴說著，海也是蘆竹溝的生活空間。由此所見的蘆竹溝彷彿是無邊際的，道路所規定的界線不再存在，村落的範圍也變得模糊。

一條筆直的路

通往海的味道

通過三寮灣，繼續沿著市道174號直行，或是於熙攘的台61線快速道路駛入市道174號，皆能通往漁村蘆竹溝。沿路的綠樹和民宅，稍稍掩飾了蘆竹溝身為漁村的角色，大多會以為即將拜訪的只是平凡的村莊。但其實，越往裡走，所有的五感都將和三寮灣越不相同。漸強的海風，收有漁網和蚵殼的家門，以及陣陣海的味道，都在告訴你，漁村將在前方不遠處了。

2

時刻

TIMING

入村之路初極狹
抵港之後則開闊

撰文●陳妤蓁　攝影●安比

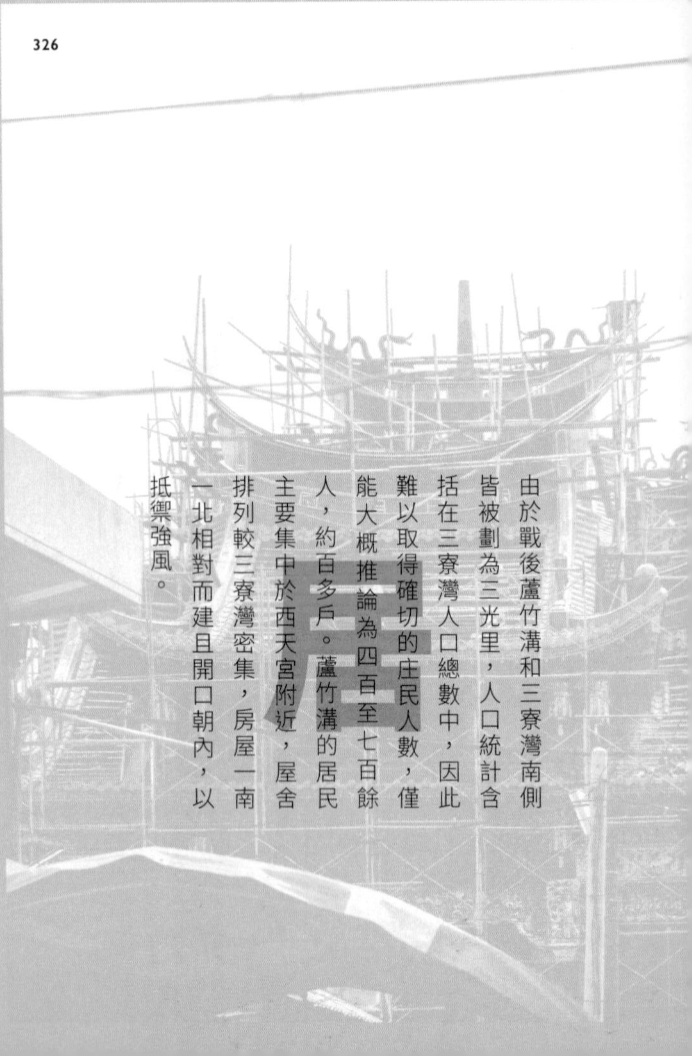

居

由於戰後蘆竹溝和三寮灣南側皆被劃為三光里，人口統計含括在三寮灣人口總數中，因此難以取得確切的庄民人數，僅能大概推論為四百至七百餘人，約百多戶。蘆竹溝的居民主要集中於西天宮附近，屋舍排列較三寮灣密集，房屋一南一北相對而建且開口朝內，以抵禦強風。

遊

蘆竹溝北堤是釣魚愛好者的聖地，戴好漁夫帽，租艘在地版的 SUP——膠筏，就能享受無人打擾的悠閒時光（但可千萬別去隔壁魚塭偷釣石斑）。愛騎車的話，可去港邊買個早餐，「AMIS 海邊坐坐覓食」歡迎所有假日晨間慢跑與單車愛好者。如果是對地方深度旅遊感興趣，聯繫「蘆竹溝蚵學園區」和「迴聲社造」就對了！參與就是社區營造的原動力。

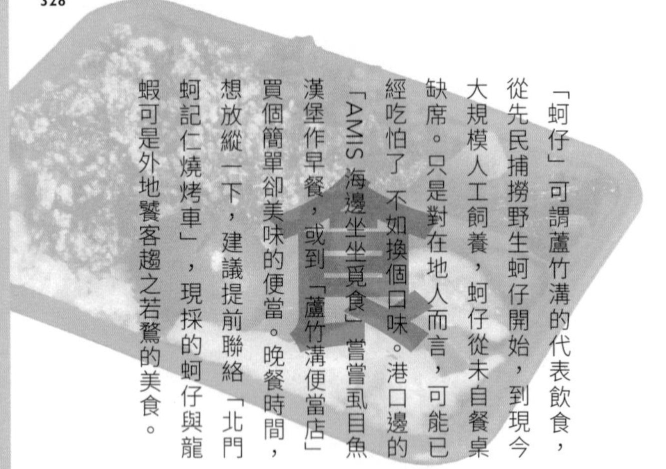

食

「蚵仔」可謂蘆竹溝的代表飲食，從先民捕撈野生蚵仔開始，到現今大規模人工飼養，蚵仔從未自餐桌缺席。只是對在地人而言，可能已經吃怕了不如換個口味。港口邊的「AMIS海邊坐坐覓食」嘗嘗虱目魚漢堡作早餐，或到「蘆竹溝便當店」買個簡單卻美味的便當。晚餐時間，想放縱一下，建議提前聯絡「北門蚵記仁燒烤車」，現採的蚵仔與龍蝦可是外地饕客趨之若鶩的美食。

行

三寮灣的三慈國小距蘆竹溝僅1.5公里，車程不過三分鐘。但對於上學快要遲到的蘆竹溝學童而言，這可不是段輕鬆的旅程，一旦錯過父母的發車時間，就只能在大太陽下狂奔15分鐘，或是祈禱副班長今天請假。因此，學童們幾乎人人一台腳踏車，以備不時之需。

KEYWORDS

INTRO

蘆竹溝關鍵詞

廟

蘆竹溝庄廟西天宮照慣例每年須向主神故鄉「謁祖（回祖廟進香）」，但身為「新住民」的飛天大將即便心繫故鄉，其祖廟也不在台灣，回去一趟很不方便，只好就近前往南鯤鯓代天府進香。進香的同時也不忘敦親睦鄰，拜訪一下三寮灣的王爺兄弟檔。而除了庄廟外，蘆竹溝尚有邱姓角頭廟「玄龍宮」，及私壇代天府一間；角頭廟系統不如三寮灣發達，可能與族群組成較為單純有關。

四海一家：蘆竹溝宗族組成

與三寮灣相比，蘆竹溝的建庄時間較晚，族群組成也較單純。庄內的邱、顏兩族為大姓，戶數占全庄的七成以上，並恰好以庄廟西天宮為中心，邱姓居於西側、顏姓居於東側。兩姓自建庄以來便聚居至今，合作運營著蘆竹溝港。庄內亦有從三寮灣移入之陳、林姓宗族，人數較少，和各姓互動融洽，其原來的宗族守護神甚至被祀奉於庄廟中，如陳姓之李府千歲（三寮灣庄廟主神的分身）。

逐浪滔而居！庄址三遷記

蘆竹溝庄民總共有三次遷庄紀錄。最初顏姓與學甲中洲搬來的邱姓族人聚居於王爺港汕南端（今蘆竹溝港西側），在此搭寮捕魚。日治時期受海潮影響，全庄向東二次遷居。若從今海巡署安檢所往內海望去，可以發現一座紅磚碉堡遺跡，第二次遷址便是遷至附近。之後又因海浪侵襲，再東遷一次至現今庄址。

MIGRATE

INTRO

遷徙地圖

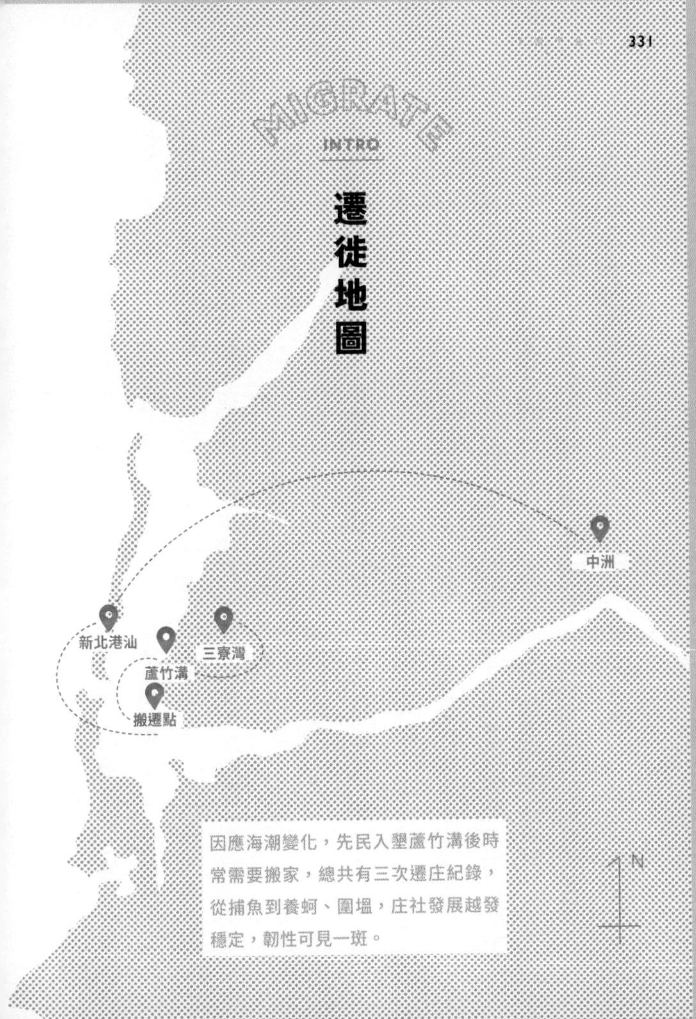

因應海潮變化，先民入墾蘆竹溝後時常需要搬家，總共有三次遷庄紀錄，從捕魚到養蚵、圍塭，庄社發展越發穩定，韌性可見一斑。

並修築對外道路以運輸物資與人員。這條道路原計畫穿過三寮灣庄廟，好在計畫更動，慈安宮才躲過被拆除的命運。該事件引起兩庄居民警惕，加上當時總督府推動的「寺廟整理運動（銷毀神像，將台灣寺廟改建為神社）」，以及盟軍針對大仙湖機場的空襲行動，庄民決議將神明請至家中供俸，以藏匿、保全金身。

差點取代台中港?!

蘆竹溝港舊稱北門港，曾是北門區最大的漁港。民國50年代，蘆竹溝優良的地理位置與廣闊平坦的腹地，吸引了時任台灣省議員陳華宗的注意，身為學甲人的陳華宗希望在蘆竹溝開闢綜合商港，藉此帶動大北門地區的經濟發展。據說計畫內容還包括在大仙湖設立機場，引來諸多投機分子哄炒地皮。可惜陳氏於民國57年車禍意外離世，該計畫也無疾而終。時至今日，庄民們仍不時感嘆：「蘆竹溝建港的話，哪還有台中港！」但換個角度想，若真要建港，蘆竹溝的自然美景或許就不復見了。

1938 昭和 13 年	▼	日軍於大仙湖設立機場
日治中後期	▼	因應海浪侵蝕，庄民再次向東遷居
1964 1968 民國 53-57 年	▼	台灣省議員陳宗華 計畫開闢蘆竹溝綜合商港
1970s 民國 60 年代	▼	都市發展快速， 吸引庄內人口向城市流動
1975 民國 64 年	▼	聘請王錦木繪圖重建西天宮
2018 民國 107 年	▼	西天宮新廟修築中

蘆竹溝庄廟——西天宮的誕生

傳說清末有中國漁船迷航，意外泊靠於蘆竹溝西側的沙洲，船員因缺糧希望能抵押船上所祀之飛天大將、媽祖、大目公之神像，以便和當地邱姓族人交換糧食。邱姓當時的經濟條件算不上特別優渥，只能暫時搭建草寮私祀，後來又隨著村落遷徙移祀他地。然而，飛天大將身為討海人的守護神，不只關照邱姓，連同庄的其他宗族也一同庇佑。各姓對其感念有加，決議共築庄廟「西天宮」祀奉飛天大將。至於原先抵押在港的媽祖與大目公則因為遭逢戰亂（乙未之役），金身被人請走而不知所終，使得飛天大將業務暴增。

藏起金身——庄頭的戰爭記憶

民國27年（日治昭和13年）中國戰事頻頻，台灣總督府為支援駐華日軍，徵用地勢平坦、適合軍機起降的大仙湖（今蘆竹溝大仙湖魚塭）搭建簡易軍用機場，

HISTORY

INTRO

蘆竹溝小史

清朝中後期	先民入墾今蘆竹溝西部沙洲
清朝末期	邱姓族人建立西天宮 並持續開發沙洲，移入人口增加
1895 明治 28 年	乙未之役， 西天宮的媽祖與大目公金身失蹤
日治時期	受海潮影響，庄民向東遷居 新址腹地較大，利於人口成長

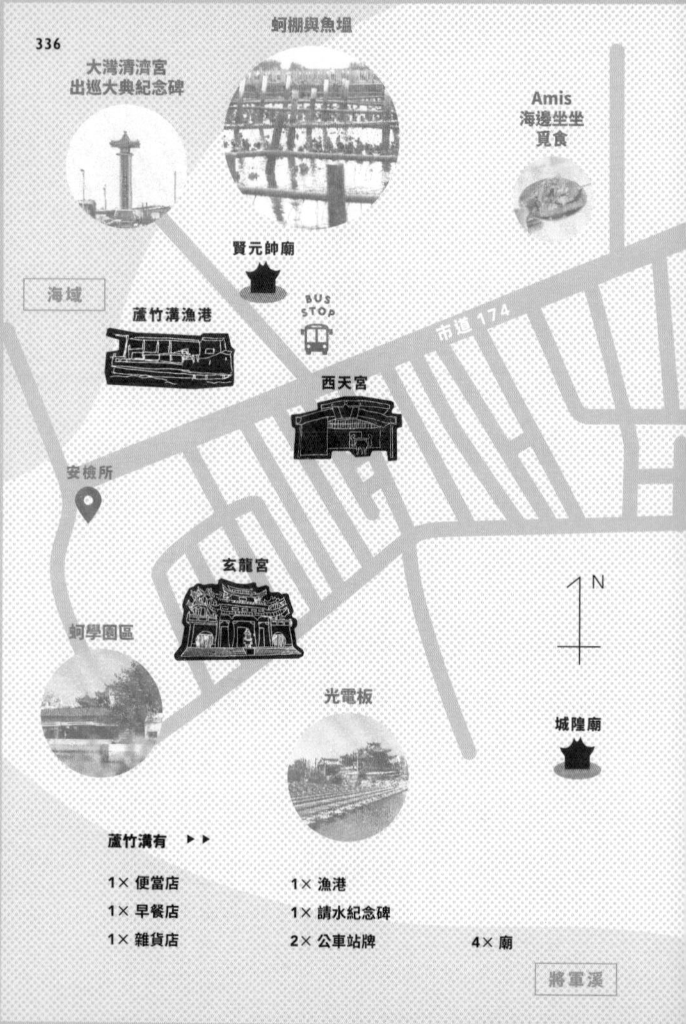
蚵棚與魚塭
大灣清濟宮
出巡大典紀念碑
Amis
海邊坐坐
覓食
賢元帥廟
海域
BUS
STOP
蘆竹溝漁港
市道 174
西天宮
安檢所
玄龍宮
蚵學園區
N
光電板
城隍廟
蘆竹溝有 ▸▸
1× 便當店
1× 早餐店
1× 雜貨店
1× 漁港
1× 請水紀念碑
2× 公車站牌
4× 廟
將軍溪

HERE!

INTRO

在蘆竹溝

因土地遍生「蘆竹仔」而得名的「蘆竹溝」坐擁北門的重要港口之一——蘆竹溝港，為連結內海（潟湖）與外海的交通樞紐。早年內海漁船都必須從此處出海，使該地漁業發展興盛。後來隨著產業轉型和環境變化，近海漁業逐漸被養蚵業取代，原先吃水深的漁船也被替換成更適合在潟湖航行的輕便膠筏。

產業之外，該地庄廟亦不可忽視，即便庄內廟宇數量不及三寮灣，但蘆竹溝贏在靠海。乾淨的水質與豐富的海洋資源，十分適合好漢英靈（五營神兵）在此修行，加上蘆竹溝庄廟西天宮主祀之飛天大將帶兵有方，台南地區宮廟皆會至此請水招兵。據信眾稱，蘆竹溝的兵馬不僅數量多，還特別能打，廣受各界好評。

台南火車站 - - - - - - - - 蘆竹溝

47 mins

嘉義高鐵站 - - - - - - - - 蘆竹溝

49 mins

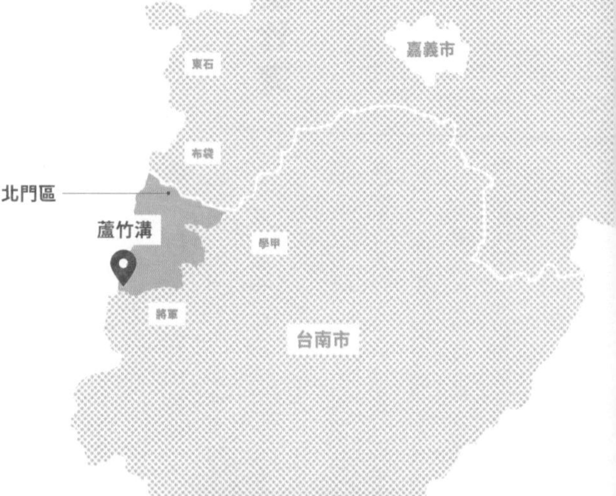

土地總面積約	總人口數約	廟宇數量
4.5 km²	400 人	4 間

蘆竹溝聚落

23° 14'3.29"N | 120° 05'49.1"E

WHERE?
INTRO

去蘆竹溝

若說三寮灣的重心是土地，那麼蘆竹溝的重心便是海洋。蘆竹溝的日常交通離不開大海，除貫通兩庄的市道174號外，號稱海景第一排的台61線是本地僅剩的對外道路，其餘都在海上。如青山港汕的北側航道，若要從西側（台灣海峽）進入蘆竹溝港，此乃必經之路，在將軍漁港尚未建成前，南部馬沙溝與青鯤鯓一代的漁船都必須由此出入。

沿著蘆竹溝北堤向北走，左手邊的龐大沙洲便是新北港汕，其北端一直延伸至井仔腳，圍圈出的大片海域，就是本地蚵農日常工作、通勤的地點。別看他們開著膠筏在緊密排列的蚵架間暢行無阻，換作新手，碰撞、擦傷船體，乃至擱淺皆時有所聞。

INTRO

你知道嗎？
餐桌上讓人垂涎三尺的蚵仔麵線、蚵仔煎的主角——蚵仔，
或許就來自這座位於將軍溪與北門潟湖交會處的村落。
讓我們循著海味、航入漁村，
領略此地澎湃！

1

抵達之前

INTRO

撰文●曾詠榆、傅世元．攝影●安比

CONTENTS
出口

7 PEOPLE 此曾仍在的人們

CONTENTS

LOOK for Village

2

蘆竹溝